知らないと 一生バカを見る マイナカードの大問題

荻原博子

宝島社新書

「マイナカード」の大問題とは、
このカードで、私たちの暮らしが
どんどん不便になることです。

2024年秋以降、「保険証」が廃止されると、病院の窓口は、「マイナカード」に搭載された「マイナ保険証」だけでなく、「暗証番号のないマイナ保険証」「被保険者資格申立書」「資格確認書」「資格情報のお知らせ」、さらに1年間は「保険証」にも対応せねばならず、受付業務が何倍にも膨れ上がります。

患者も、今までは月に1回「保険証」を持っていけばよかった病院の窓口で、毎回、前述のような書類やカードの提出を求められます。しかも、2024年秋までには、まだまだ必要なカードや書類が増えそうです。

「保険証」だけでもこんなに不便になるのですから、「パスポート」や「運転免許証」までついたら、どれだけ不便になるのか想像もつきません。

本書では、「便利」が売りのはずの「マイナカード」が、なぜ、どんどん「不便」になっていくのか、その大問題の本質に迫ります。

経済ジャーナリスト　荻原博子

目次

第2章　「泥縄式」「場当たり的」で、医療現場は大混乱

第3章　そもそも「マイナンバー制度」って何？

第4章　知らないと怖い、改正マイナンバー法

第6章　なぜ日本はデジタル戦争で敗北するのか

最終章　このままでは日本の医療が崩壊する

第1章

危険だらけの「マイナカード」

続々出てくる、「ありえない」真実

みなさんの、最も大きな心配は、「マイナンバーカード（以下・マイナカード）は安全なのか」ということでしょう。

その心配のきっかけとなったのが、「マイナカード」が「保険証」として使えるということで政府が大々的に奨励した「マイナ保険証」の山のようなトラブル。

共同通信が２０２３年７月に実施した世論調査では、**保険証の廃止延期や撤回を求めた人が8割近く**いて、政府の政策を進行していくはずの**全国の市区町村長に同年7月に実施したアンケートでも、4割超が延期を望んでいる**ことがわかりました。

しかも、「マイナンバー制度」を所管する政府が進めるデジタル改革の司令塔で

■４割超の市区町村が保険証廃止「延期」希望

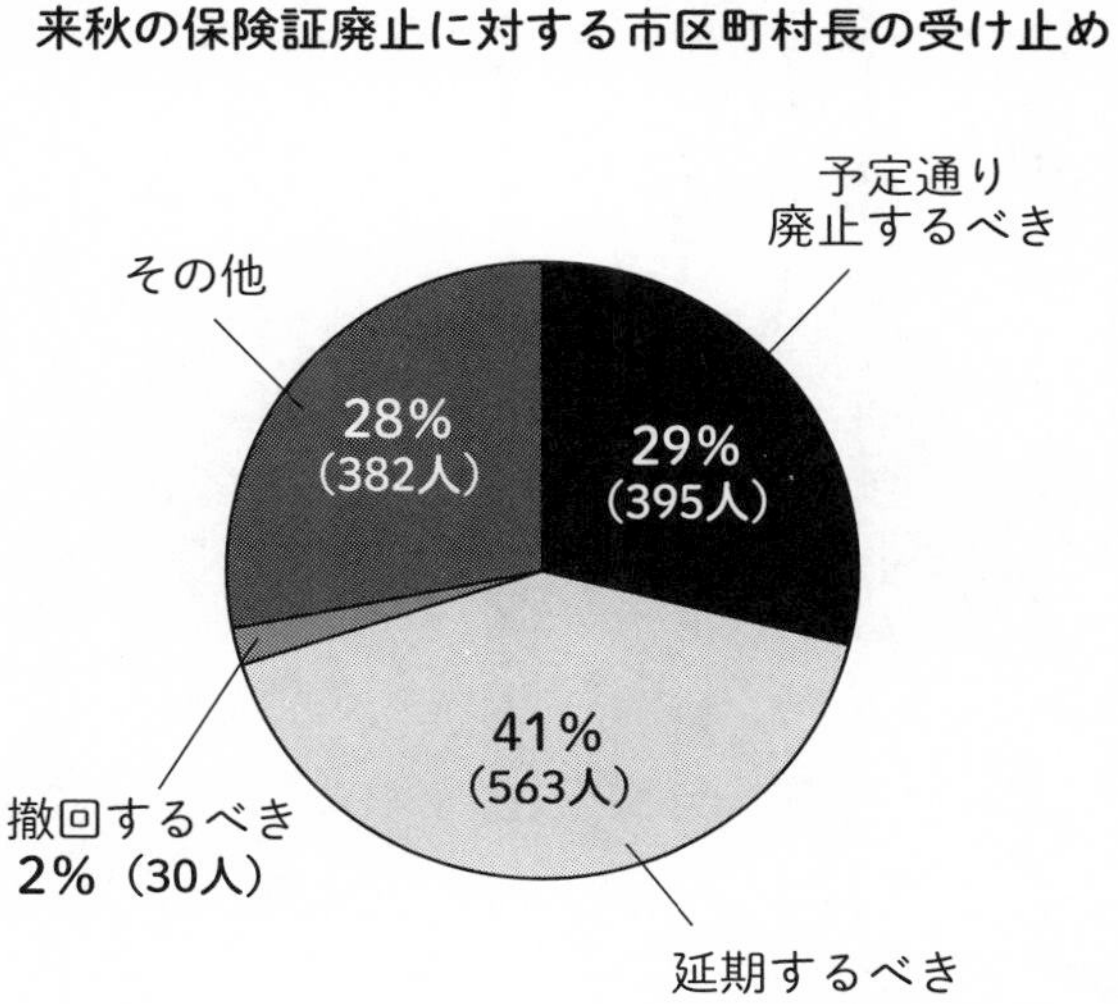

※2023年7月31日時点。全1741市区町村長のうち、1370人が回答
出典：共同通信

ある「デジタル庁」に、個人情報保護委員会が、個人情報の取り扱いの不備を是正するよう行政指導するといった、前代未聞なことも起きていて、不信感はますます広がっています。

いったい、「マイナカード」で、何が起きているのでしょうか。

◆びっくり仰天の、「誰でも顔認証」

実は、千葉県にある某クリニックに勤めるA子さんから、「こんなことが起きるなんて！」という話を聞き、私も、驚きました。

何かといえば、眼帯でマスクをした患者が、「マイナカード」のカードリーダーに「マイナ保険証」を乗せ、自分の顔を近づけると、なんと顔認証されたというのです。

確かに国は、「マスクや眼鏡を着用したまま顔認証することは可能」と言っています。ただ、マスクだけでなく眼帯までしていたら、親しい人でも本人かどうか確認するのは難しい。それが、機械に確認できるのでしょうか。

怪訝《けげん》に思ったA子さんは、患者が帰った後に、同僚男性の「マイナカード」を借りてそれをカードリーダーの上に置き、自分の顔を読み取り機のカメラに向けてみました。

当然ですが、他人のカード、それも男性のカードですから、女性である自分の顔が認証されるはずはないだろうと、半分は冗談のつもりでやってみたのです。

ところが、**なんと驚いたことに、自分は女性であるにもかかわらず、カードの持ち主である男性本人だと認証されてしまった**のです。

◆暗証番号を3回間違えると「マイナ保険証」はアウト！

A子さんが勤めるクリニックでは、以前、「マイナ保険証」を持ってきた患者の顔がカードリーダーで読み取れず、大騒ぎになったことがありました。

すぐさま業者を呼び、メンテナンスを行ってもらったのですが、それ以来、顔認証のトラブルはほとんどなくなっていました。

「マイナ保険証」の本人確認は、カードリーダーにカードを置いて、暗証番号か顔認証で行います。高齢な患者だと、暗証番号をうろ覚えという人も少なくない。そういう人が**暗証番号を入れて3回間違えると、その時点でカードそのものが使えなくなってしまいます。**

ですから病院では、なるべく顔認証での本人確認を勧めてきました。

ところが、A子さんが同僚の男性の「マイナカード」で本人確認されたことで、実は、**顔認証の機能が本人に限定されたものではなく、誰でも認証されていたのではないかという疑念が出てきました。**

念のために、もう一回、ほかの人のカードで同じように自分の顔をカメラに向けて試してみたのですが、同じように認証されました。

なぜそうなるのか、業者を呼んで聞いても、業者も「原因はわからない」と言うばかり。とりあえず「誰でも顔認証」では困るので、認証のレベルを上げてもらい、本人以外は特定できないように厳格化してもらいました。

ところが、それがまたトラブルの元になりました。今度は本人でも顔認証で弾《はじ》かれてしまうケースが出てきてしまったのです。

◆河野大臣が「レベルを上げろ」と言うほど精度が下がった!

「顔認証」では、様々なトラブルが起きているようで、東京新聞が、病院によってはわざわざ「マイナ保険証での顔認証お断り」という張り紙をしているところもあるということを、ご丁寧に写真入りで報じていました。

なぜ、こんなことが起きているのでしょうか。

私が「顔認証」のトラブルを多く耳にしたのは、河野太郎デジタル大臣が「顔認証の安全性」を盛んにアピールしていた時期でした。

皮肉なことに、この時期には「マイナカード」を使ってコンビニで住民票を取ろうとしたら、他人の住民票が出てくるなどというトラブルが相次いでいて、河野大臣が富士通Ｊａｐａｎを名指しで非難していた時期でもあります。

テレビの画面からも、河野大臣の怒り狂った心情が透けて見えました。

住民票を誤って交付するというトラブルを起こした業者に対し、横浜市は1カ月、足立区は3カ月の指名停止という重い処分をしました。また、入札にも参加できないというペナルティも公表されています。

もしかしたら、こうした時期に重なっていたので、コンビニ誤交付で怒り心頭の河野大臣を、さらに怒らせることがないように「顔認証」をゆるゆるにしたのではないかという疑惑があります。

業者にとって、名指しで非難されるというのは営業で致命的なダメージを受けますから、**河野大臣が「トラブルが起きないように『顔認証』の精度を上げろ」とはっ**

ぱをかければかけるほど、業者はトラブルが起きることを恐れて「顔認証」の精度を下げていくという、そんな皮肉なことが起きていた可能性があります。

◆「マイナカード」は、なんと顔写真でも「なりすまし」できる!?

「マイナ保険証」の「顔認証」は、精度を緩めれば「誰でも顔認証」に近づきますが、別の方法で簡単に「なりすまし」ができるという動画を現職の医師がユーチューブにアップしていて、それを見て驚きました。

この動画は、長崎県のある開業医が、女性スタッフに医師である自分の実物大の顔写真をお面にしてつけさせ、自分の「マイナカード」をカードリーダーに置いて「顔認証」させたもの。

まさか、写真を本人として認証するとは思わず、冗談のつもりでやってみたら、なんとあっさり本人だと認証されて、その後の手続きもすんなりできてしまったというのです。

たぶん、とんでもなく驚くと思うので、気になる人はネットで見てみるといいでしょう。

「【検証】他人のマイナ保険証が使える？ 医師『なりすましできてしまう』」(https://www.youtube.com/watch?v=9y8PNrTRqcU)

このカードリーダーは富士通Ｊａｐａｎが販売しているもので、この機械には、「なりすまし防止機能」がついています。説明書には免責事項として「簡易的な機能のため、写真や免許証、スマートフォンなどによるなりすましを完全には防止できない場合があります」と書かれていますが、まさかこんなに簡単になりすませるなんて！

なんとこれは、政府が使えと指定しているカードリーダーです。

◆その顔写真、本人ですか？

政府は、「マイナカード」には顔写真がついているので、なりすましはできない

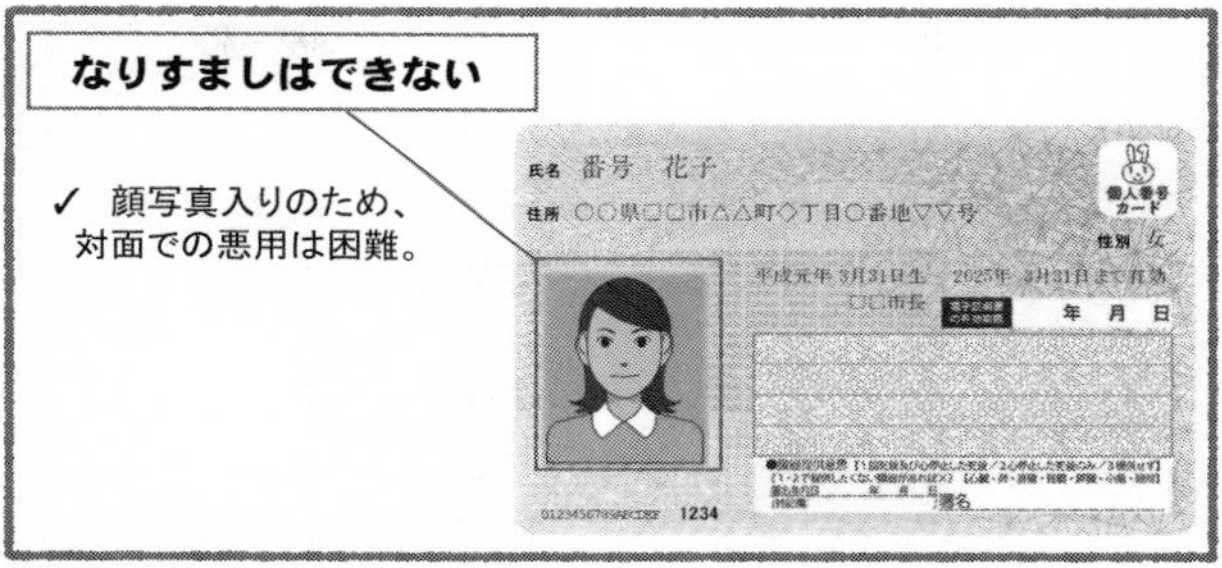

出典：総務省「マイナンバーカードの安全性」より抜粋

と豪語しています。

けれど、もしかしたら顔写真のお面でなくても、顔写真そのものを貼り替えて本人になりすますということができるかもしれません。

そうした「なりすまし」は、すでに免許証などでは、頻繁に起きているのですから。

実は、今、免許証やパスポート、マイナカードがあれば、消費者金融の自動契約機でお金を借りることができます。そして案の定、**顔写真を偽物に貼り替えて、不正にお金を引き出す詐欺**が横行しています。この手口を使われたら、知らないうちに大きな借金を負わされてしまうかもしれません。

みなさんは、消費者金融でお金を借りるときの「顔認証」の仕組みをご存知ですか？

消費者金融からお金を借りるのに、対面だとバツが悪いという人向けに、「無人で審査」をしてお金を貸す仕組みがあります。これは、申し込みからカード発行まで、タッチパネルを操作するだけで、その場でオペレーターに相談しながら手続きできるシステムになっています。

ただ、「無人で審査」といっても、機械が自動的に審査するのではなく、実はオペレーターが別の場所で見ていて、提示された運転免許証やパスポート、マイナカードなどの顔写真と本人の顔を目視で照合しているのです。

それで250万円もの大金を知らないうちに借りられてしまった人を、私は知っています。

マイナカードでも、そうした詐欺は起こりえます。

◆カードに「偽の顔写真を貼り付け」

ＮＴＴデータ先端技術株式会社のセキュリティのコラムを見ると、「マイナンバーカードの顔写真欄に偽の顔写真を貼り付けることにより、マイナンバーカードの信頼性を悪用して、**本人になりすました不正な住民票の入手や書き換え、印鑑登録の変更、婚姻届や死亡届などの行政手続きが行われてしまう**可能性もあります。もし、偽の顔写真の貼り付けが難しい場合であっても、マイナンバーカードの情報を手掛かりに、本人確認が困難な手続きにおいて、代理人になりすましをされるリスクも考えられます」とあります。

次ページの図は、マイナンバー及び「マイナカード」で起こりうることが想定される主な被害です。

「マイナンバー」を知られるだけではほとんど被害はありませんが、「マイナカード」になると、「マイナポータル」に本人になりすまして入るなど、様々な不正が想定され、被害は拡大しそうです。そうなると、**個人情報がごっそりと盗み出され、悪**

■マイナンバー漏洩時に起こりうる被害

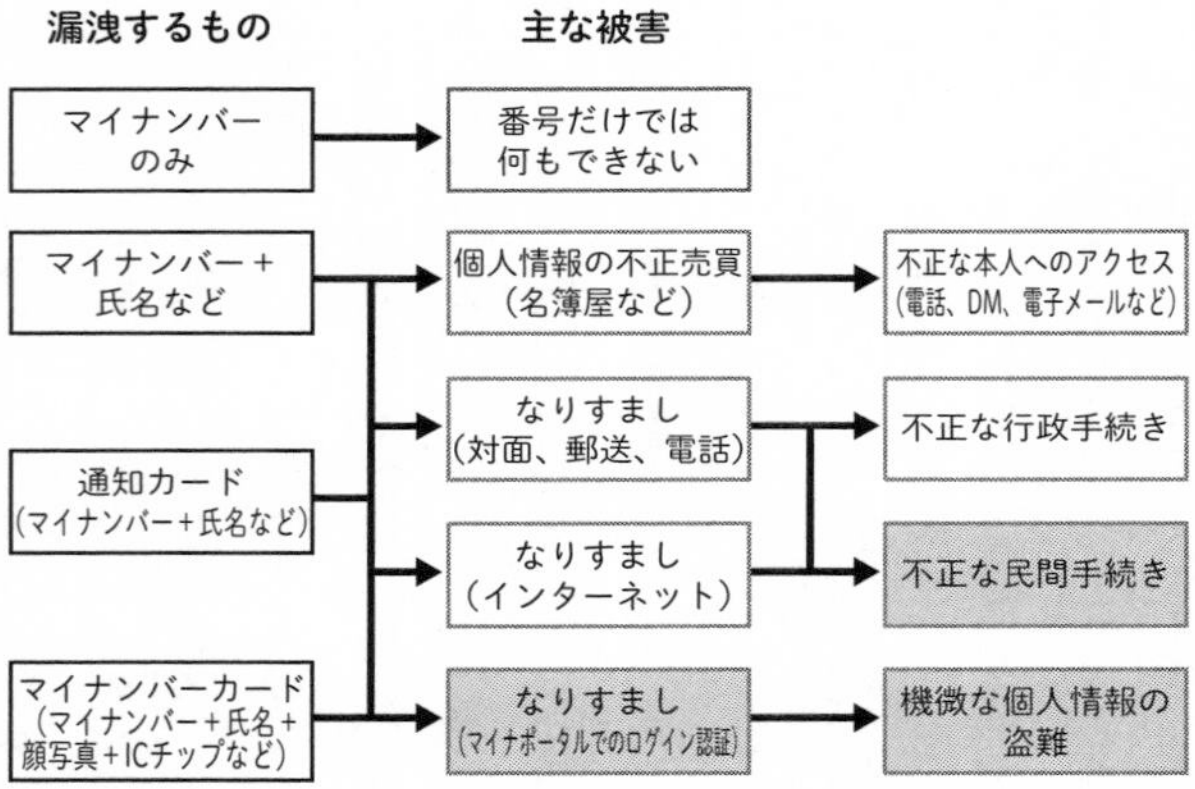

出典：NTTデータ先端技術株式会社「マイナンバー対応について」

用される可能性があります。

また、怖いのは個人情報の流出だけではありません。

もし、無保険者になりすましで「マイナ保険証」を使われたとしたら、**自分の医療情報に他人の診察の情報が紛れ込んでしまう**かもしれません。もし**それを見て医者が治療したら、治療そのものが間違ってしまい、命の危機にもつながるかもしれない**のです。

大切な個人情報は入っていない
✓ ICチップ部分には、
税や年金などの
個人情報は記録されない。
オンラインの利用には
マイナンバーは使われない
マイナンバーを見られても個人情報は盗まれない
✓ マイナンバーを利用するには、
顔写真付き身分証明書等での
本人確認があるため、悪用は困難。
出典：総務省「マイナンバーカードの安全性」より抜粋

◆個人情報を引き出す鍵・「ICチップ」

総務省のサイトを見ると、「マイナカード」のＩＣチップには、プライバシー性の高い情報は入っていないし、「マイナンバー」を見られても他人は悪用できないので大丈夫と書いてあります。

確かに、ＩＣチップの中には、プライバシー性の高い情報は入っていません。また、「マイナンバー」を見られても、それだけでは悪用のしようはありません。

ただ、だからと言って「マイナカード」は安全だとは言い切れません。

なぜなら、「マイナカード」についているＩＣチップには大した情報は入っていませんが、このＩＣチップが鍵の役割を果たし、ここから入れる「マイナポータル」からは、様々な個人情報を引き出せるようになっています。

もちろん、「マイナポータル」に入るには、カードだけあってもダメで4桁《けた》の暗証番号が必要になります。ですから政府は「持ち歩いても大丈夫」と言うのですが、この4桁の暗証番号を自分の生年月日にしている人が多いのです。

◆キャッシュカード被害の7割以上は、暗証番号が生年月日

私が「キャッシュカード被害にあう人の多くは暗証番号が自分の生年月日」と言うと、オレはそんな間抜けじゃないよと反論される方も多いと思います。

ただ、そういう方は用心深いと思いますが、世の中の人の多くは、暗証番号を忘れてはいけないと思い、自分の生年月日にしているのです。

次ページの表は、ゆうちょ銀行のキャッシュカードを盗まれたり紛失したりして、悪用されたケースで、何を暗証番号に使っていたかを示したものです。なんと、**73・5%が、自分の生年月日**でした。

■暗証番号に生年月日はタブー

設定されていた暗証番号	被害件数	割合
生年月日（本人）	442	73.5％
生年月日（本人以外）	23	3.8％
電話番号	26	4.3％
住所の番地	5	0.8％
任意の数字	92	15.3％
不　明	13	2.2％
合計	601	－

※2006年4月～2007年3月
出典：ゆうちょ銀行ホームページ「暗証番号の設定について」

◆運転免許証から暗証番号を割り出される

再び私の知人の話で恐縮ですが、飲みに行って財布を取られ、キャッシュカードで、ローンも含めて300万円も引き出された編集者がいました。

酔っ払ってはしご酒をしているうちに、いかがわしいバーに入ってしまい、気がついたら路上で寝ていたそうです。

家に帰って財布がなくなっていることに気がつき、翌日、警察に届けたのですが、時すでに遅し。ATMで、現金とローン合わせて300万円を引き出された後でした。

これだけの被害額になったのは、今はコンビニのATMでキャッシュカードで引き出せる金額は1日20～50万円くらいですが、当時はもっとおろせたからです。それも、犯人は計画的で、夜中の0時ちょっと前と、日付が変わった0時過ぎにおろしたので、多額の現金をおろせたのです。

なぜ、キャッシュカードの暗証番号がわかってしまったのかと言えば、暗証番号が自分の生年月日だったから。財布には運転免許証も一緒に入っていて、運転免許証には生年月日が入っていますから、ここからキャッシュカードの暗証番号を割り出したものと思われます。

「マイナカード」の場合も、カードには生年月日が書き込まれていますから、もし生年月日を暗証番号にしていたら、カードを落とすとそれだけで簡単に「マイナポータル」に入って個人情報を見られてしまいます。

◆「マイナカード」の暗証番号はたったの4桁

「マイナンバー」は国が割り当てた12桁の番号で、「マイナンバー」を利用する暗証番号は、本人が設定する英数字混合の6〜16桁の番号という厳しいものです。

「HOW SECURE IS MY PASSWORD」という海外のウェブツールで、パスワード解読にかかる時間を調べることができます。これによれば、16桁の「マイナンバー」に使われるパスワードの「英数字混合の6〜16桁の番号」というのは、かなり高度なセキュリティを実現できるパスワードであることがわかります。

次ページの表は、パスワードを解読する機械で総当たり攻撃（ブルートフォースアタック）を仕掛けたときに、解読までにかかる時間の一覧です。

パスワードが解析されるまでに要する時間を見ると、**大小のアルファベットだけで6桁までだと、0・4ミリ秒**といいますから、瞬時に解析されてしまう。**この6桁のアルファベットの中に数字を混ぜたとしても1秒、さらに記号を混ぜたとしても19秒で解析されてしまう**可能性があります。

ただし、どの場合も、暗証番号が12桁になれば、まず自分が生きている間は暗証

■パスワード解読にかかる時間。6桁以下は一瞬！

条件	6桁	8桁	10桁	12桁	14桁	16桁
アルファベット	0.4秒	22分	1カ月	300年	80万年	20億年
アルファベット+数字	1秒	1時間	7カ月	2000年	900万年	370億年
アルファベット+数字+記号	19秒	2日	52年	40万年	40億年	2兆年

※アルファベットは、大文字+小文字を混合している場合
出典：「HOW SECURE IS MY PASSWORD」を基に編集部作成

番号が解析される心配はなくなります。

さらに、**アルファベット＋数字＋記号を混ぜた14桁の暗証番号にすれば、解析までに40億年かかる**というのですから、100％解析されることはないでしょう。

ですから、内閣サイバーセキュリティセンターでも、安全なパスワードとしては、10桁以上4種混合文字等（英大文字、英小文字、数字、記号の指定及び安全性を考慮したパスワード長）を規定し、運用することを求めています。

「マイナンバー」は、ほぼこれに合致すると考えられます。

では、「マイナカード」はどうでしょうか。

「マイナカード」は、簡単な4桁の番号で、極端に言え

ば「1234」でも「ABCD」でもいいということ。

しかも、前述の通り、多くの人が暗証番号を自分の生年月日にしています。これだと、どう考えても即座に解析されてしまいそうです。

◆カードを取られたら、簡単に暗証番号を聞き出されてしまう

では、生年月日ではなく、わかりにくい暗証番号なら大丈夫なのでしょうか。

「マイナカード」のICチップは、間違った番号を3回押すとロックされてしまいますから、その点では暗証番号さえ忘れなければ大丈夫でしょう。

ただし、だからといって油断はできません。

なぜなら、「マイナカード」には、住所と名前が書かれています。住所と名前があれば、家に電話を置いている人なら、電話帳でも検索すればヒットする可能性は高いです。

ＮＴＴの電話帳「ハローページ」は、２０２３年2月に廃止になりましたが、家の電話番号というのは早々に変えるものではないので、それ以前にＮＴＴ西日本、東日本が発刊していた電話帳を入手すれば、充分に電話番号は調べられます。有料ですが、１０４でも名前と住所で家の電話番号を教えてくれます。

仮に盗んだカードの持ち主の電話番号がわかれば、すでに名前と住所と生年月日はわかっているので、「警察ですが、マイナカードを落とされましたか？　あなた、○○にお住まいの■■さんですよね、▲年▲日生まれの」と言えば、「マイナカード」が手元にないのでどうしたんだろうと思っている人は、落として警察に届けられたと思い込みます。そこで、「念のため本人のカードかどうか確認したいので、暗証番号を教えてください」と言われたら、相手を信じて簡単に暗証番号を教えてしまうのではないでしょうか。

◆「マイナポータル」に入られたら個人情報をごっそり見られる

ここでもう1度繰り返しになるかもしれませんが、「マイナカード」の安全性について検証してみましょう。

「マイナカードには大切な情報は入っていないので安全だ」と総務省は安全性を強調しています。

デジタル庁も、「カードについているICチップには、税・年金の情報や病歴などプライバシー性の高い情報は記録されませんので、それらの情報はカードからは判明しません。記録される情報は、券面に記載されている情報や公的個人認証や電子証明書等に限られています」として、安全性を強調しています。

「マイナカード」の券面（表面）には、氏名、住所、生年月日、性別、マイナンバーと本人の顔写真がついていて、裏面のICチップにも、税や年金などの大事な情報は入っていません。

■マイナンバーカードの安全性のポイント

① 落としても他人が使うことができない

- 顔写真入りのため対面での悪用は困難。
- オンラインで使用するためには本人しか知らない暗証番号が必要。
- 不正に情報を読み出そうとするとICチップが壊れる仕組み。

② 大切な個人情報は入っていない

- プライバシー性の高い情報はマイナンバーカードのICチップに入っていない。
- 税や年金などの情報は、各行政機関において分散して管理。
  ⇒仮にマイナンバーカードが他人に知られても芋づる式に個人情報が漏れることはない。

③ 24時間365日体制で一時利用停止を受付

出典：総務省「マイナンバーの安全性」

みなさんは、キャッシュカードを持っていらっしゃるでしょう。

キャッシュカードを盗まれて、「キャッシュカードは現金ではないので大丈夫だ」とは思わないでしょう。なぜなら、キャッシュカードそのものは現金ではありませんが、カードを使ってATMで自分のお金を引き出される可能性があるからです。

これと同じで、「マイナカード」も、確かにカードやICチップには重要な情報は入っていないけれど、これを盗まれて**「マイナポータル」に入られてしまうと、大切な税金や医療の個人情報をごっそり見られてしまうかもしれない**のです。

◆「大切な情報は入っていないので安全」は詭弁

「マイナカードには大切な情報は入っていないので安全だ」というのは、「キャッシュカードはただのプラスチックのカードで、現金ではないので安全だ」というようなものです。

確かに、「キャッシュカード」そのものには現金としての価値がなくても、カードにはICチップがついていて、それが自分の口座からお金を引き出すときの「鍵」になります。

それと同じように、「マイナカード」には自分の個人情報はほとんど載っていませんが、「マイナカード」についているICチップを使って「マイナポータル」に入れば、様々な個人情報を見ることができます。

要は、カードそのものにリスクがあるのではなく、カードが不正利用された場合に、カードの先にある個人情報が盗まれて被害にあう可能性があるということ。ですから、「安全」とは言えないのです。

プライバシー性の高い個人情報は「マイナカード」には入っていないかもしれませんが、ＩＣチップを使って入る「マイナポータル」という部屋は、あなたの個人情報の宝庫なのです。

◆知られたくない持病も知られてしまう

「マイナンバー」は、会社に提出してもそこから個人情報が漏れることはありません。「マイナカード」も、カード自体にはほとんど重要な情報は載っていません。

ただ、「マイナカード」を使って他人になりすまして「マイナポータル」に入ると、重要な個人情報を見ることができます。暗証番号を盗まれ不正アクセスされたら、個人情報を簡単に引き出されます。

では、どんな情報を引き出すことができるのでしょうか。

次ページの表は、マイナポータルを利用して引き出すことができる情報の概要一覧です。実際にはさらに細分化された詳細情報を指定することができ、膨大な量の個人情報が見られるようになっています。

多くの人は、人に知られたくない秘密を持っています。

たとえば、性同一性障害だったり、健康そうに見えて実は持病を抱えていたり、中には、ガンで余命いくばくもないという人もいるかもしれません。妊娠したけれど中絶手術を受けたことを人に知られたくないという人もいるかもしれません。

そうしたことを誰かに知られてしまうというのは、かなりショックなことではないでしょうか。

■「自己情報取得API」で取得できる情報の概要一覧

分野名	分野詳細
健康・医療	予防接種
	検診情報
	医療保険
	医療保険その他
	学校保健
	難病患者支援
	保険証の被保険者番号等
税・所得・口座情報	税・所得
	公金受取口座
年金関係	年金
	年金その他
子ども・子育て	児童手当
	ひとり親家庭
	母子保健
	教育・就学支援
	障害児支援・小児慢性特定疾病医療
戸籍・世帯情報	世帯情報
	戸籍関係情報(2024年3月から取得可能)
福祉・介護	障害保健福祉
	生活保護
	中国残留邦人等支援
	介護・高齢者福祉
雇用保険・労災	雇用保険
	労災補償

※2023年6月時点
出典:デジタル庁「マイナポータルAPI　仕様公開サイト」

◆身代金要求のランサムウェア被害が多発

多くの人が心配するのは、自分は細心の注意を払っていても、ハッカーなどに外部から侵入されて個人情報を見られてしまうのではないかということ。

幸いなことに、まだ日本では、「マイナカード」の個人情報を悪用して銀行口座を開設したりクレジットカードをつくって悪用したりという犯罪は見かけません。ただ、怖いのは、ランサムウェアという、ネットのファイルを利用不可能にする**ウイルスを忍び込ませ、「ファイルを元に戻してほしければ金を出せ」と身代金要求をする犯罪が多発している**こと。

2023年6月、国内の社会保険労務士の多くが利用している「社労夢（シャローム）」という約826万人分の個人情報を扱う、社労士業務支援システムが、ランサムウェアの攻撃にあい、システムダウンしました。ここに「マイナンバー」情報も含まれていたかは公表されていませんが、社会労務士が扱う情報ですから、含まれていると思ってもいいでしょう。

◆マイナポータルが不正利用されたら、誰が責任を取るのか！

もし、「マイナカード」を盗まれ、生年月日から暗証番号を割り出されて「マイナポータル」に入られ、個人情報を見られてしまったらどうなるのでしょうか。

デジタル庁の「マイナポータル」利用規約を見ると、第26条に「免責事項」として、「マイナポータルの利用に当たり、利用者本人又は第三者が被った損害について、デジタル庁の故意又は重過失によるものである場合を除き、デジタル庁は責任を負わない」とあります。

「デジタル庁の故意又は重過失」というのはどういうことか、プライバシー問題に詳しい東京弁護士会の水永誠二弁護士は、「故意とは、わざとということ。重過失というのも、単なる過失ではなく著しく注意が欠如とした過失ということで故意に近く、よほど目に余るようなことでない限り、責任を問えない。しかも、どこまでが故意でどこまでが重過失なのかという判断は、誰がするのでしょうか」とのこと。

つまりは、デジタル庁が責任を取るべき重過失とはなんなのかということがはっきりしないので、責任の所在もうやむやになってしまうということです。

◆「利用者の損害は、デジタル庁には一切関係ない」発言で大炎上

実は、**この「免責事項」は、2022年までは、「デジタル庁の故意又は重過失によるものである場合を除き」という文言がなく、「一切の責任を負わない」となっていました。**

具体的には、「マイナポータルの利用に当たり、利用者本人又は第三者が被った損害について、デジタル庁は一切責任を負わない」というものでした。

ただ、「マイナポータル」というのは、民間のポータルサイトと違って、政府が奨励し、運営しているものです。それなのに、「マイナポータル」を利用した個人が損害を受けても、政府は「一切責任を負わない」というのは、あまりにも無責任ではないかという声がネット上で広がりました。

しかも、このことを問われた河野大臣が「マイナポータルの利用規約は、民間の

インターネットサービスの利用規約と比べて、極めて一般的なもので特殊な要素はない」と言い放ったので、「民間じゃなく、政府のサービスなのに無責任だ」とネットが炎上。クレームの嵐となりました。

さすがにこれはまずいと思ったのか、あわてて改定し、2023年1月4日付で、免責事項に「デジタル庁の故意又は重過失によるものである場合を除き」という文言を付け加えました。

◆「マイナカード」の悪用を防ぐため、高いセキュリティ意識を

日本は、ヨーロッパなどに比べると個人情報をガードする意識が低いので、「自分の情報が多少漏れたとしても、そんなに生活に影響はないだろう」とタカをくっている人が多いようです。

ただ、「マイナカード」で個人認証されれば、銀行口座をつくれます。現在は、一部の銀行でスマートフォンとマイナカードのみで新規口座を開けるようになって

いますが、こうした流れが加速する可能性があるということ。

さらに、ゆくゆくはキャッシュカードやクレジットカードもつくれるようになると、便利になる一方、セキュリティには敏感になっておいたほうがいいでしょう。

また、「マイナカード」と暗証番号があれば、本人の実印を持っているのも同じなので、**本人になりすまして不動産の名義を変えたり、遺産相続したりといった事件も、将来的には出てくる**かもしれません。

こうした中で、あまりのトラブルの多さに、心配になって、「マイナカード」を返してしまおうという人も出てきています。

◆「自主返納」だけでなく、役所にカードを取りに行かない人も急増

取得した「マイナカード」を返してしまう「自主返納」は、デジタル庁によれば7年間の累積で47万件。このうち2023年6月の1カ月で、およそ2万件の「自

主返納」があったようです。

相次ぐトラブルでカードを持つのが怖くなり、ネットで「返納運動」が起きたことで、急激にその数を増やしたようです。

しかも、9月末までの返納数は現時点では出ていませんが、ポイント付与が終了するので、その時点で「自主返納ラッシュ」が起きている可能性もあります。

実は、「自主返納」だけでなく、すでにできている**カードを自治体まで取りに行かない人も多く、7月末時点では、首都圏だけで72万枚のカードが役所に眠っている**ことが、東京新聞の調査でわかりました。

もともと、必要性があってカード申請したというよりも、最大2万円のポイントに釣られてカードを申請した人が多いだけに、相次ぐトラブルで嫌気がさし、わざわざ受け取りに行く気が失《う》せてしまったということなのでしょう。

◆カードを返納しても「マイナ保険証」は帳消しにはならない！

「マイナカード」を持っていると、様々なトラブルに遭遇しそうなので、思い切って「自主返納」してしまったという人は多くいます。

ただ、「マイナ保険証」がついているカードは、早計に「返納」してしまうのは考えものです。「返納」しても、トラブルを回避できない可能性が高いからです。

多くの方は、「マイナカード」を返納してしまえば、カードに紐《ひも》づけられた「マイナ保険証」も使えなくなって失効すると思っているのではないでしょうか。

たとえば通常は、フィットネスクラブの会員カードを返納してしまえば、脱会することになるので、今まで通っていたフィットネスクラブとは縁が切れます。

けれど、「マイナカード」に「マイナ保険証」の機能をつけた場合には、そういうわけにはいきません。たとえ**「マイナカード」を返納しても、その機能を失効させることはできない**のです。

これは、**「マイナカード」を役所に取りに行かない場合も同じ**です。いったん「マイナ保険証」の機能をつけたら、カードを返納しても、カードを受け取らなくても、「マイナ保険証」の機能は失効せず、システム上は「マイナ保険証」を持っている人ということになってしまうのです。

◆「失効」の手続きは意外にハードルが高い

これについて厚生労働省に聞くと、「現状では、確かに1度つけた『マイナ保険証』の機能を失効させることは、システム的に難しい」との答えでした。

「簡単につけられるのに、簡単に外せないというのは、おかしくはありませんか」と聞くと、「とにかく頑張って、『保険証』がなくなる1年後までにはなんとか『マイナポータル』で、簡単に失効手続きができるように、いま努力している最中です……」とのことでした。

失効の手続きについては、どうしてもというなら、できないことはありません。

地方公共団体情報システム機構（J－LIS）の公的個人認証サービス（JPKI）を利用した電子申請を行うときの利用者ソフト「利用者用電子証明書」をダウンロードし、これを使って手続きすることができます。つまり、「マイナカード」の電子証明そのものを失効させてしまうという方法です。

ただ、普通の方法だと、地方公共団体情報システム機構という組織があるということも知らないので、たどり着くのはなかなか難しいかもしれません。

しかも、**「マイナカード」を返納したり、受け取りに行かなかったりすると、「マイナポータル」上に正しくない個人情報や他人の個人情報が紐づけられても、それをチェックすることができません。**

2023年6月に、自分の口座に振り込まれるはずの医療費と介護費が限度額を超えると還付される「高額介護合算療養費」の約6万円が、マイナンバーの紐づけミスで他人の口座に振り込まれたという事件が起きました。家族が見つけておかしいと思って発覚しましたが、こうした被害にあっても、カードが手元になければチェックすることができず、見過ごされてしまう可能性があります。

◆保険料を払っていても、知らぬ間に無保険者に！

さらに怖いのは、2024年の秋に健康保険証が廃止されてしまうと、マイナ保険証がついているカードを「返納」したり、すでにできているカードを取りに行かないままにしている人には、「マイナ保険証」を持っていない人に送られてくる「保険証」代わりの「資格確認書」が、送られてこない点です。

「保険証」が廃止される2024年秋以降、「マイナ保険証」がない人には「保険証」に代わって「資格確認書」が発行されます。

2023年8月4日の会見で岸田首相は、本人がわざわざ請求に行かなくても、健康保険証と同じようにプッシュ型で手元に「資格確認書」が届くと言いました。

ところが、カードを返納した人や役所にカードを取りに行かないままになっている人の手元には、「資格確認書」が届きません。なぜなら、「資格確認書」は「マイナ保険証」を持っていない人に発行されるものですが、カードを返納してもカードを取りに行かなくても、カードについているマイナ保険証は解除されないので、マイナ保険証を持っている人という扱いになってしまうからです。

結果、「資格確認書」の送付の対象からは外れてしまうということになります。

しかも、カードは持っていなくてもマイナ保険証は持っているという扱いなので、当然ですが、「資格確認書」を申請してくださいなどという注意喚起の書類さえも送られてきません。

そうなると、サラリーマンの場合、保険料は毎月の給料から確実に天引きされているのに、「資格確認書」が送られてこない無保険状態ということになり、**放置しておくとイザというときに病院の窓口で10割負担になる可能性**もあります。

保険料だけは、しっかり毎月の給料から引き落とされているというのに。

◆政府がごまかす、「自動送付」の不都合な真実

この記事を読んで、「私はマイナカードを申請していないし、ましてマイナ保険証など紐づけていないから、自動的に『資格確認書』が送られてくるから安心」と、思っている方もおられるでしょう。

しかし、安心するのは大間違いです。

8月4日に岸田首相は、みなさんにプッシュ型で自動的に「資格確認書」が送られるようにすると言いました。いちいち申請のために役所の窓口に出かけるのは不便なので、少しでも現在の「保険証」に近づけて便利にしようというように思えますが、実は、送られてくるのが「いつまでか」という期間には言及していません。

岸田首相の会見で配られたペーパーを見ると、自動交付するのは「当分の間」とあります。さらに、有効期限については、「5年以内で保険者（保険組合など）が設定」とあります。

つまり、**マイナ保険証がないサラリーマンだと、最初だけは請求しなくても「資格確認書」が送られてくるかもしれませんが、その後は毎年自分でわざわざ申請に行かないと、「資格確認書」はもらえない可能性**があります。

◆法律では、プッシュ型にはなっていない

今の「保険証」は、サラリーマンの場合には、会社を辞めるまでは更新なしで使い続けられます。それ以外の人は、更新はありますが、更新時期の前に、あらかじめ新しい保険証が手元に届けられます。

ただ、「マイナ保険証」も「資格確認書」も、基本的には自動的に送られてくるものではなく、自分で「申請」の手続きをしなければ、もらうことができません。

なぜなら、法律では、本人の申請が必要ということになっているからです。自動的に送られてくるというのは、そもそも異例の処置なのです。

ですから岸田首相も、自動送付の期限については、「ずっと」とは言えず、かといって「1回目はこちらから自動で送りますが、2回目からは自分で申請してください」とも言えず、ごまかすほかなかったのでしょう。

では、なぜこんな紛らわしい発表をしたのかと言えば、たぶん、みんなが「保険証がなくなると不便になる」と騒いでいるので、ほとぼりが冷めるまでは自動的に送るようにしただけで、その後のことは何も考えていなかったのでしょう。

政府のゴリ押しで進められている「マイナカード」には、不都合なことがいっぱいです。特に、「マイナカード」をみんなに持たせるために「保険証」を廃止するという暴挙に出たわけですから、今後もまだまだ多くのトラブルが起きそうです。

◆「マイナカード」総点検？　実は点検は3分の1弱！

あまりのトラブルの多さに、岸田首相は「マイナンバー情報総点検本部」を設置し、２０２３年11月末までにカードの総点検を行うよう指示しました。

「総点検」と聞くと、すべての機関に紐づけられている情報を、徹底的に点検するのだろうと誰もが思います。私も、最初はそう思いました。

ところが、資料を見て驚きました。

健康保険証については、全国に３４１１ある紐づけ機関のうち、点検対象は１３１３機関。**市町村は１７２４のうち２００ほど、年金情報や雇用保険情報が紐づけられている日本年金機構やハローワークについては、なんと点検しない**のです。

だとすれば、「総点検」などと言わず、「サンプル調査」と言うべきでしょう。もし「総点検」したのに、その後にボロボロと不備が出てきたら、誰が責任を取るのでしょうか。

そういう意味では、「マイナカード」は、まだ決して「安全」「安心」に使えるという状況ではないでしょう。

個人にとって、何がメリットなのかよくわからない「マイナカード」を普及させるために「マイナ保険証」を押しつけられ、２０２４年秋には「保険証」が廃止される。医療機関には、さらに大変な問題が山積しています。

第2章

「泥縄式」「場当たり的」で、医療現場は大混乱

現場の医師には、反対が多い

「マイナカード」については、利用者も不安を抱えていますが、医療関係者は、「不安」を通り越して「恐怖」を感じているのではないかと思います。

全国の開業医の約6割が加盟している全国保険医団体連合会では、すでに100万人近い反対署名を集めていて、他の団体でも、反対署名の数はかなりになっています。

大阪では、府内の開業医が加入している大阪府保険医協会がアンケートをとったところ、回答があった医者の7割が、「マイナ保険証」の義務化、「保険証」の廃止に反対。千葉県でも、千葉県保険医協会の調査では、アンケートに答えた医師の約7割が反対。埼玉県では埼玉県保険医協会が開業医に行ったアンケート調査で、「マイナ保険証」で7割が「患者情報が表示されない」などのトラブルを経験していることがわかりました。

なぜ、現場の医師たちがこれほどまでに「マイナ保険証」の義務化と「保険証」の廃止をやめてほしいと言っているのかといえば、これによって**今までのようなスムーズな医療ができなくなる**可能性があるからです。

◆「保険証」廃止で、どんどん複雑になっていく

政府ははじめ、「マイナ保険証」があれば、窓口業務がデジタル化されて、時間も短縮され、受付がスピーディーに進むと説明していました。

ところが、実際にはスピーディーに進むどころか、なんと受付作業が2倍、3倍になってしまうかもしれないことがわかってきました。

詳しくは後ほど説明しますが（71ページ以降）、「保険証」が廃止になると、医療機関の窓口は、現在わかっているだけでも、「マイナ保険証」、「暗証番号のないマイナ保険証」、「被保険者資格申立書」、「資格確認書」の4つに対応しなくてはならず、最近新たに「資格情報のお知らせ」という新しい書類にも対応するということが加わりました。しかも、1年間は「保険証」も使えるので6つ！

つまり、**「保険証」が1枚あれば済むのに、これが廃止されることで最低でも6つの書類やカードに対応しなくてはならない**ことになります。

しかも、これは2023年時点での話で、2024年、実際に「保険証」が廃止されるまでに、対応しなくてはならないものがさらに増えていく可能性があります。

さらに2026年には、今の「マイナカード」に代わる「新マイナカード」も登場するということで、もう愕然《がくぜん》として言葉も出ません。

そこで、もう1度「マイナカード」について、振り返ってみましょう。

◆「マイナカード」の一番の売りは、「便利」なはずなのに…

「マイナカード」の大きなメリットとして国が宣伝してきたのは、「カード一枚で様々なことができて、便利」ということでした。

「マイナカード」は、公的な身分証明書として使えるので、金融機関で口座開設ができたり、パスポートとして使えたり、レンタルビデオ店やフィットネスクラブの入会手続きにも使え、行政でのオンライン手続きや申請も簡単になる。市区町村のサービスも、このカード1枚でフルに受けられ、コンビニなどで住民票、印鑑登録証明書等の公的な証明書を取得できる。

また、運転免許証やパスポートとしても使え、確定申告などでは申告が簡単にできるようになる。

こうした中で、なんと言っても便利なのは、「マイナ保険証」。いつでもどこでも「保険証」として利用することができるという点でした。

1枚のカードで様々なことが簡単にできるというのは夢のような話で、私たちにとっては喜ばしいことのはずでした。ところが、「便利」どころか、どんどん「不便」になっています。

◆「便利さ」からどんどん離れている

「マイナ保険証」の欠点を補うために、様々な書類やカードに対応しなくてはならないというのも大変ですが、さらに、デジタルに不慣れな利用者が病院の窓口で顔認証ができなかったり、暗証番号を忘れたり、番号を押し間違えたりといったトラブルに、いちいち職員が対応しなくてはならない事態が起きると、それだけで受付に渋滞が起きます。「スピーディー」どころか二重、三重の手間がかかるということになってしまうのです。

「マイナ保険証」1枚だけでも、どんどん複雑怪奇な状況になってきているというのに、これが運転免許証やパスポートとして使われることになったら、どれだけ大変なことが起きるのか、それを考えると憂鬱になってきます。

そこで、ここでは、どんどん複雑になって、病院が悲鳴をあげている「マイナ保険証」の現状について見てみましょう。

◆「暗証番号なし」のカードなんて、ナンセンス!

政府は、2023年11月以降に、認知症などで「マイナカード」の管理に不安がある人を対象に、暗証番号のないカードを発行すると言っています。

なぜ、こうしたカードを発行することになったのかと言えば、国会などで「高齢者は、暗証番号をなかなか覚えていられない」「高齢者でなくても、認知症などで番号を覚えていられない人はたくさんいる」と、突き上げを食らったからです。

「マイナ保険証」の暗証番号は、3回間違えるとロックされ、カードが使えなくなってしまいます。ですから、ロックされずに使えるようにと、暗証番号のないカードを出すのだそうです。

厚生労働大臣は、「認知症などで暗証番号の管理に不安がある方が安心してカードを利用でき、代理人の負担軽減にもつながる」と、これで問題解決と言いたげに胸を張りました。しかも、「福祉関係をはじめ、関係されると思われる方々の声を聞いた」と、岸田政権ご自慢の〝聞く力〟を強調しました。

ただ、「マイナ保険証」は暗証番号があり、しかも3回間違えるとロックされるからこそ安全というのが、大きな「売り」だったはずです。その安全性の「売り」を外したカードの安全性は、どうやって担保するのでしょうか。

◆暗証番号なしカードは悪用されているか確認できない

暗証番号なしの「マイナカード」の利用は、「マイナ保険証」に限定されていて、本人であるかどうかは、「顔認証」や窓口での目視で行うといいます。

すでに本書では、「顔認証」はゆるゆるだと指摘しました。しかも、受付でわざわざ本人の顔とカードの顔を比べて確認するのですから、「自動受付」という趣旨からは、すでにズレており「受付の二度手間」です。

怖いのは、暗証番号がないと、「顔認証」や「目視」が有効でなければ、簡単に「なりすまし」で、他人の「マイナ保険証」で診療が受けられてしまうこと。しかも「暗証番号なし」のカードは、自分の診療記録を「マイナポータル」で見ることもできないので、自分のカードが悪用されていないか確認できません。

仮に、誰かがなりすまして診療を受けていたら、他人の医療情報が自分の医療情報に混じってしまうことになりますが、その確認すらできないのです。医者も気づかないでしょうから、もし他人の医療情報を参考に病気の治療をされてしまうと、命に関わることになるかもしれません。

だとしたら、わざわざ無駄な税金をかけて「暗証番号なしのカード」をつくるより、今の「保険証」を廃止しなければ済む話でしょう。

◆「マイナ保険証」が使えず、全額請求のケースも

次々と様々な問題が発生している「マイナ保険証」ですが、「マイナ保険証」を持っていっても、窓口で保険加入の資格情報を確認できないために3割負担（未就学児は2割負担、75歳以上は1〜3割負担）ではなく、そこで医療費全額を請求されるというケースが、２０２３年４月以降、全国で７７６件も発覚しました。

しかも、これは氷山の一角で、有効な「マイナ保険証」なのに、窓口の機械で読み取れず、全額負担しなくてはいけない人はかなりいると見られています。

原因は、機械の不具合や、転職などの際にシステムへのデータ登録が終わっていないケースなど様々なものがあり、さらには**別人の医療情報が紐づけられている8000件を超える誤登録**などもこうしたことに関わっているようです。

そこで厚生労働省では、窓口で「マイナ保険証」が利用できないときには、患者に「被保険者資格申立書」を書いてもらって処理することにしました。

◆面倒な「被保険者資格申立書」

もし、停電で「マイナ保険証」の読み取り機が停止してしまったり、「マイナ保険証」はあっても転職などでデータ登録が遅れていて窓口で本人確認ができない場合、医療費を本人が10割負担するか、それが嫌なら「被保険者資格申立書」という書類を提出することになります。

「被保険者資格申立書」は、患者が、保険証の有無や保険種別、保険者等名称、事業所名、保険証の交付を受けた時期、一部負担金の割合など6項目の書き込みをして、本人か事業主が年金事務所などに郵送で提出します。

今はまだ「保険証」があるので、こんな面倒な書類を用意しなくてもいいですが、2024年秋以降に「保険証」が廃止されると、必要になります。

この「申立書」は、「可能な範囲で記入」となっていて、保険種別や一部負担金の割合の項目には「わからない」の選択肢も用意されているのですが、本人がわか

■厚労省が交付している被保険者資格申立書

別紙様式

被保険者資格申立書

有効な保険証の交付を受けており、医療保険等の被保険者資格について、下記の通り申し立てます。

※　以下の各項目に可能な範囲で記入いただき、□には、あてはまる場合に「✓」を記入してください。なお、本申立書に記入いただいた情報は、医療機関等の診療報酬請求等に必要な範囲でのみ使用し、診療報酬請求等の請求・支払等に係る必要な事務を終えた段階で、速やかに廃棄します。

1　保険証等に関する事項

保険証の有無	□有効な保険証の交付を受けている
保険種別	□社保　□国保　□後期　□その他　□わからない
保険者等名称	
事業所名※1	
保険証の交付を受けた時期	□１か月以内　□それより前　□わからない（わかる範囲でご記入ください。）
一部負担金の割合※2	□３割　□２割　□１割　□わからない

※１　保険種別で社保（保険者が健康保険組合、共済組合、全国健康保険協会の場合）、国保（保険者が国民健康保険組合の場合のみ）、その他（自衛官・公費単独医療の場合）、わからないの□に「✓」を記入された場合は、事業所名（お勤め先の会社名等）の記入をお願いします。

※２　70 歳以上の方、または後期高齢者医療の被保険者の方は、一部負担金の割合についてもご記入ください。なお、ご記入いただいた一部負担金の割合が実際と異なっていた場合、後日、保険者から差額を請求等させていただく場合があります。

2　マイナンバーカードの券面事項等

氏名	（フリガナ）
生年月日	□明治　□大正　□昭和　□平成　□令和　　年　　月　　日
性別	□男　□女
住所	※３　マイナンバーカードの券面に記載された住所以外の居所がある場合はこちらにご記入ください。

※４　マイナンバーカードの券面に記載された氏名、生年月日、性別、住所をそのまま記入いただくとともに、氏名のフリガナも併せてご記入ください。また、マイナンバーカードの券面に記載された住所以外の居所がある場合は、住所欄に併せてご記入ください。

年　　月　　日

署名＿＿＿＿＿＿＿＿（患者との関係※5：　　　　）

連絡先電話番号＿＿＿＿＿＿＿＿

※５　（患者との関係）欄は、保護者の方等が署名された場合にご記入ください。

らないところは、病院の窓口や保険組合などが調べなくてはなりません。簡単にできることではないのです。また、後期高齢者など、所得水準によって負担割合が変わる患者もいるので、負担割合が「わからない」と書かれた書類を見せられたら、病院は、それにどう対処すればいいのでしょうか。

もし、国が「保険証」の廃止を撤回さえすれば、こんなものを書く必要はなく、それこそ保険証1枚で、簡素でスピーディーな対応になるはず。

しかも、さらに「マイナ保険証」で資格確認ができないときのために、情報を記載した新カードも配布するというのですから、開いた口がふさがりません。

◆「資格情報記載」の新たな書類も配布

2023年8月23日、厚生労働省は、健康保険証が廃止される2024年秋以降、一部の医療機関でシステムの未整備などで「マイナ保険証」が利用できない状態が続くことが予想されていることから、必要な情報を記載した書類をつくって保険診療を受けられるようにすると発表しました。

新たに配布する書類は、**「資格情報のお知らせ」**と命名されるのだそうです。ここには、保険診療を受けるのに欠かせない被保険者番号や窓口での自己負担割合などが記載されます。ただし、**この書類だけでは保険診療はできず、必ず「マイナ保険証」と一緒に病院の窓口に提出しなくてはならない**ことになりそうです。

「資格情報のお知らせ」については、**偽物が簡単につくれそうなので、全国保健医団体連合会では、今の「保険証」よりもなりすましの確率が上がると警鐘を鳴らしています。**「マイナ保険証」が使える病院は、厚生労働省のホームページで確認できます。ここに載っている病院以外は、「マイナ保険証」が使えないところなので、「あの病院なら顔認証付きカードリーダーが使えない」などと特定され、それが広まれば、こうした病院になりすましの患者が集中する可能性があるからです。

◆「邪魔者」が一転して「無保険者防止の切り札」に

次々と新しい書類やカードが出てきますが、「マイナ保険証」と同じくらい重要になってきそうなのが第1章でもお話しした**「資格確認書」**です。

「マイナ保険証」を持っていなくても、保険診療が受けられるように「マイナ保険証」を持っていない人向けに、出されるものです。

「マイナ保険証」は、任意である「マイナカード」を、無理やりみんなに持たせるためにつくられましたが、中には、持ちたくない、持てない、という人もいます。日本は、国民皆保険なので、こうした人にも対処しなくてはいけません。

そこで考えられたのが、「マイナ保険証」を持たない人には「資格確認書」という別のカードを持たせようということ。ただし、基本は「マイナ保険証」を持つことなので、**当初は「資格確認書」は有料にしようという話がありました。**有料にすれば、無料の「マイナ保険証」を持つ人が増えるのではないかということです。

ただ、「義務でないマイナカードを持たないからといって、懲罰的にお金を取るのはおかしい」という反対意見が出て、**有料化は見送りとなりました。**

そんな邪魔者扱いされていた「資格確認書」ですが、**岸田首相は、2023年8月4日の会見で、2024年秋に廃止される「保険証」に代わるものとして、「マイナ保険証」を持たない人全員に交付すると発表**しました。

◆「資格確認書」って、どんなもの？

日本は国民皆保険ですから、全員が「保険証」を持っています。

ただ、「マイナ保険証」となると、様々な理由で全員が持つというわけにはいきません。「マイナカード」を持っていない人、持っていても保険証と紐づけていない人、またはカードを紛失した人、「マイナ保険証」を持ちたくない人、自分や子供がカードの申請に行けない人など様々です。

こうした人に、「マイナ保険証」の代わりに無料で発行するのが、「資格確認書」です。「資格確認書」には、氏名、生年月日、被保険者等記号番号、保険者情報などが記載され、紙または電子データで提供されます。

最初は、有効期限は1年で、そのたびに本人が申請に行かなくてはならないことになっていました。しかし、「マイナ保険証」のトラブルがあまりに多く、持たないという人もかなり出てきそうで「今の保険証よりも不便になる」という声が高まってきました。そこで、政府は有効期限を「5年を超えない期間」に延ばし、さらに「マイナ保険証」を持たない人には、「保険証」と同様に、申請がなくても交付する考えを示しました。

ただし、国保は1年または2年。法律には「申請」と明記されているので、申請がなくても交付してくれるのは「当分の間」。**「マイナ保険証」への逆風がやんだら、再び「申請」しないと持てないということになります。**

また、「マイナカード」の普及のために「マイナ保険証」を義務化したので、1人でも多く「資格確認書」から「マイナ保険証」に鞍替《くらが》えさせたいということで、「資格確認書」の窓口負担は、「マイナ保険証」よりも料金を高く設定する方針です。

◆「資格確認書」発行には、毎年5億5000万円のコストが！

「マイナ保険証がない人は資格確認書で対応する」と聞くと、これで混乱もなくスムーズに事が運ぶ気がします。ところが、そうはいかない状況が出てきそうです。

たとえば、「マイナ保険証」を自主返納した人や、紛失したままそれっきりになっている人には、「マイナ保険証」を持っていないのだから「資格確認書」が送られてくるのかといえば、待てど暮らせど送られてはきません。

なぜなら、**1度「マイナカード」に保険証を紐づけてしまうと、今のところシステム的に外せない。ですから、1度でも「マイナ保険証」をつくった人は、「マイナカード」が手元になくても、システム上は「マイナ保険証」を使っているという扱い**になり、「資格確認書」が必要ではない人に分類されてしまうからです。

しかも、前述のように「マイナ保険証」への風当たりが和らぐと、「手元にお届けします」というプッシュ型から、自分で申請してくださいという申請型に戻ることは、法律を変えない限り既定路線なのです。

立憲民主党の試算では、従来の健康保険証を廃止し、「マイナ保険証」を持たない人に「資格確認書」を発行すると、発行コストだけで約241億5900万円かかり、毎年、最低でも5億5000万円のランニングコストがかかるそうです。

そんな血税を延々と垂れ流し、次から次へと問題が出てくるなら、**今の「保険証」のままでいいのではないでしょうか。**

◆今のポンコツカードに代わり、「新マイナカード」を発行

「泥縄式」という言葉があります。これは、泥棒が入ってきてから、捕まえて縛るための縄をなうという意味で、前々から用意していないので準備不足で間に合わず、場当たり的な対処になっている状況を指します。

今の「マイナカード」政策は、まさにこの「泥縄式」です。なんと2026年には、セキュリティ精度などを上げた「新マイナカード」が登場するというのです。

「新マイナカード」を発行する理由について、河野大臣は「今、マイナンバーカードで使っている暗号が、量子コンピュータなど技術が革新すると、強度的にさらに強いものが必要になる。強い暗号に切り替えたものに順次、変えていこうと思っている」とのこと。

だったら、みんなに旧式のポンコツな「マイナカード」を持たせる前に、セキュリティを万全にしておくべきでしょうと突っ込みたくなります。

◆「新マイナカード」の次は、「新・新マイナカード」？

河野大臣の発言に対し、立憲民主党の米山隆一衆院議員はX（旧ツイッター）で、「後3年で量子コンピューターがそんなに進む可能性は低いと思います。恰好《かっこう》良い事言えば良いって物じゃないです」（原文ママ）とチクリ。

実際に、日本の量子コンピュータの第一人者と言われている東大の古澤明教授がチームリーダーを務める研究では、２０３０年に実用化する目標なので、これが実用化されて「マイナカード」に使われるようになるのは、早くても２０３０年中頃でしょう。だとすれば、米山議員の言葉のほうが正しいでしょう。

でも、そうなって量子コンピュータが使えるようになったら、さらにリニューアルされて「新・新マイナカード」が出てくるのでしょうか？

◆「新マイナカード」に新しいカードリーダーが必要？

河野大臣としては、「新マイナカード」について、「これからもっといいカードが出ますよ」というノリで自慢げに発表したのでしょうが、この「新マイナカード」発言に激怒しているのは開業医の方々です。

なぜなら、政府は「マイナ保険証」の義務化にあたって、**カードリーダーの設置を医療機関に義務づけ、2023年4月までに設置しなければ、保険医の資格を剝奪する**とまで脅しをかけて病院などに置かせました。

カードリーダーの設置費用は、国が全額負担してくれるわけではありません。さらに、設置後に毎年発生するランニングコストは、すべて病院持ちです。

老夫婦2人でやっているような小規模な病院の中には「そこまでしてオンライン化したくない」ということで、廃業を決めるところも出てきています。

◆利用者はどんどん減っている

「マイナ保険証」の利用率は低く、病院にカードリーダーを置くことが義務化された2023年4月時点では6・3%でしたが、その後じわじわ下がり、8月時点では4・7%。利用者はどんどん減っているということです。

2023年2月には、「マイナ保険証」の義務化で病院などに強制的に負担をかけ、資格確認を義務付けるのは違法だとして、医師274人が、国を相手に訴訟を起こし、この数が二次訴訟では1000人を超えています。

そこまでゴリ押しで今のカードリーダーを設置させたのに、**「新マイナカード」**

が出ると、このカードリーダーが使えなくなる可能性があり、「新マイナカード」に対応する新しいカードリーダーを設置しなくてはならなくなるというから、開いた口がふさがりません。

◆病院関係者が激怒する「新マイナカード」

「マイナカード」のカードリーダーを設置したばかりの病院では、3年後に「新マイナカード」が出るという話に、激怒しています。

「マイナカード」から「新マイナカード」への切り替えは、順次行っていくといいます。「マイナカード」の有効期限は10年ですから、順次切り替えていくとなると、少なくともすべて切り替えが終わるまでに10年間かかります。

その間は、窓口に「マイナカード」に対応するカードリーダーと「新マイナカード」に対応するカードリーダーの両方を置かなくてはならず、場所を取ります。また、その10年間のランニングコストで料金は今の2倍に！

しかも、政府は「保険証」を廃止しても1年くらいは暫定的に「保険証」を使えるようにするというので、「保険証」にも対応しなくてはならない。

そんな中で、「新マイナカード」などと言われたら、病院関係者が激怒するのはもっともな話でしょう。

これでは、政府がアピールする「簡素でスピーディーな受付」どころか、複雑で時間がかかる、本来の医療を阻害しかねない受付にならざるを得ないでしょう。

やっていることが「泥縄式」で「場当たり的」なので、この先、どんなとんでもないものが飛び出してくるのか予想もできないと、医療関係者は嘆いています。

◆「泥縄式」で医療現場を混乱させた「ハーシス地獄」

日本の医療分野のデジタル化は、欧米に比べて30年ほど遅れていると言われています。なぜそんなに遅れてしまったのかといえば、「泥縄式」に物事を進めるので、最後には行き詰まってやめてしまうからでしょう。

その日本のデジタル化政策の「泥縄式」が如実に出たのが、新型コロナ禍でした。

政府は新型コロナで「ハーシス（ＨＥＲ－ＳＹＳ）」という新型コロナ感染者や濃厚接触者の情報を集約し、保健所・自治体・医療機関などで共有するためのシステムをつくり、２０２０年5月から各自治体に順次導入しました。

「ハーシス」の情報を活用し、新型コロナに対応する対策を立てようとしたのです。

ところが、この「ハーシス」が、多くの医師を苦しめました。

1人の情報を入力するのに１２０から１３０の入力項目があり、それにすべて対応すると、入力するだけで1人あたり30分ほどかかりました。そのため、コロナ患者が多数押し寄せてくると、医師は帰った後に、徹夜でその日に来た患者の情報を入力するという状況が続き、「ハーシス地獄」とも言われていました。

◆50億円をドブに捨てた「ハーシス」の失敗

あまりの負担に、東京都などは、システム入力に習熟していないだけでなく、押し寄せるコロナ患者の対応で手いっぱいの医師に「ハーシス」の打ち込みでさらなる負担をかけてはいけないと、医療機関が発生届けをファックスで保健所に送り、保健所がその情報を「ハーシス」に打ち込むという作業に切り替えたほど。

ところが、**この作業で保健所の業務が大量に増えて「ハーシス地獄」に巻き込まれ、本来の業務に支障が出て大騒ぎ**となりました。

2022年7月28日に、東京都の新規感染者が4万406人と、前日の2万9036人から一気に増加し、みんなを驚かせましたが、これについて「ハーシスの不具合で遅れが出ているせい」と、小池百合子都知事はご立腹でした。

医師も保健所も「ハーシス地獄」に悲鳴をあげる中で、今まで120から130あったハーシスの記入項目を、コロナが下火になってから厚生労働省は40ほどに減らしました。文句を言われたから打ち込み項目を減らすという、まさに行き当たりばったりの政策です。

しかも、これが新型コロナ対策に役立ったかと言えば、評価は「失敗」。現場から大量の情報を吸い上げて、それをどう有効に活用できたのかは不明なまま。

この「ハーシス」には、50億円ほどの税金が使われたと言われています。

◆7年間かけて構築された「FFHS」は入力1分!

実は、「ハーシス」のような「泥縄式」ではなく、厚生労働省には、7年間かけて開発した「症例情報迅速集積システム（FFHS）」というものがありました。

これは、新型インフルエンザが2009年に大流行したことで、感染した患者の情報を素早く把握しなくてはいけないということで、厚生労働省内の研究班が2013年から開発を手がけていたもの。

なんと、このシステムだと、患者1人あたり1分で入力が完了するのだそうです。

現場が使いやすいようにと、自治体と意見交換しながら設計してきたので、短時間で情報が把握できるものになっていたのです。

実は、この「ＦＦＨＳ」に目をつけたのが北海道。２０２１年８月から使い始め、データをもとにクラスター地域への医師派遣などを行い、大きな評価を得ています。なぜ、国は７年もかけて準備した「ＦＦＨＳ」ではなく、「泥縄式」の「ハーシス」を使ったのでしょう。

理由はわかりませんが、「ハーシス」の開発を主導した橋本岳《がく》厚生労働副大臣（当時）は**「ＦＦＨＳのことを知らなかった」**と言っています。

だとしたら、あまりにもお粗末としか言いようがありません。

◆コロナ敗戦は「デジタル敗戦」

厚生労働省は、新型コロナをデジタルで封じようと、様々なシステムを立ち上げました。感染症情報としては、「ハーシス」のほかに、「ネシッド（ＮＥＳＩＤ）」「ココア（COCOA）」があり、ワクチン情報では「ブイシス（V－SYS）」「ワクチン摂種記録システム（VRS）」というシステムを立ち上げ、医療情報では「ジーミス（G－MIS）」「イーミス（EMIS）」というシステムを立ち上げて、合計で400億円ほどの税金を使っています。

この中で、誰もがよく知っているのが、自分が感染者と接触した可能性があれば、教えてくれる「ココア」というアプリ。感染者に近づかないための決め手と言われていたにもかかわらず、なんと致命的な不具合が発生していたのに4カ月も放置されていて、**最終的には廃止され、13億円をドブに捨てました。**

◆政府が現場の医師たちを振り回す

日本には、患者のためなら身を粉にして働く、献身的な医者が数多くいます。そういう意味では、日本の医者は「患者ファースト」と言えます。

新型コロナのパンデミックの中でも、医師たちは、1人でも多くの患者を救おうと、奮闘努力してきました。

ところが、**国は、こうした現場の医師たちに寄り添うのではなく、あれをやれ、これをやれと、上からの命令で振り回してきました。**それも、朝言ったことが夕方には変わるという、朝令暮改がまかり通っていました。

ある医師が、「コロナに振り回されてやっと一段落したと思ったら、今度はマイナ保険証に振り回されている。デジタル化は必要ですが、なぜデジタル化で事務作業が増え、大変になるのか、さっぱりわかりません」とため息をつきました。

すでに、現場の医師たちは、国の「泥縄式」で「場当たり的」な政策に、ついていけなくなっているのかもしれません。

実は、「マイナカード」の歴史を見ると、「泥縄式」と「場当たり的」は、今に始まったことではなく、すでに日本は、デジタルでは20年間一貫して、この「泥縄式」と「場当たり的」を繰り返してきたことがわかります。

第3章

そもそも「マイナンバー制度」って何？

マイナンバー制度の狙いは国民の所得を把握すること

マイナンバー制度で、国民生活が便利になると政府は言いますが、たぶん、便利さを実感している方は少ないのではないかと思います。

なぜなら、**政府が「マイナンバー制度」をスタートさせた最も大きな目的は、利便性よりも「マイナンバー」で国民の所得をすべて把握すること**だからです。

政府は、しきりに「マイナカード」の利便性をアピールしていますが、「ホントかな」と疑いの目で見ている人は多いです。ポイントにつられて「マイナカード」をつくった人でも、「銀行口座も紐づけてくれたら、７５００円分のポイントあげます」という誘いは断る人が多いようです。

ちなみに、「マイナカード」の申請者数9798万人のうち、公金受取口座の登録をしている人は約6割の5860万人。残りの約4割の人は、「マイナカード」は持っていても、そこに公金受取口座は紐づけていないのです（2023年9月15日現在）。

国は「マイナカードに公金口座を紐づけておけば、給付金がすぐ振り込まれて便利ですよ」と言いますが、「金をくれてまで銀行口座を知りたがるのは、ほかに魂胆があるんじゃないか」と警戒している人も多いようです。

◆「マイナンバー」は徴税のために導入された

政府は「マイナンバー」を導入するのは、「デジタル社会を実現し、国民生活を利便にするため」などと言っていますが、スタートは「税の取立てのため」でした。

政府は、国民総背番号制（1968年）、納税者番号制度（1979年）、グリー

ンカード制度（1980年）と、様々なかたちで国民に番号を振って徴税漏れがない仕組みをつくろうとしてきました。しかし、そのたびに反対が強く、実現に至らなかったか、法律はできたけれど廃案に追い込まれるといったことを繰り返してきました。

けれど、どうしても諦めきれず、2010年の「平成22年度税制大綱　～納税者主権の確立へ向けて～」では、「社会保障・税共通の番号制度を導入し、社会保障と税を一体化し、社会保障を充実させるとともに、社会保障制度の効率化を進めるため、また所得税の公正性を担保するために、正しい所得把握体制の環境整備が必要不可欠。そのために社会保障・税共通の番号制度の導入を進めます」と提言しています。ここでは、番号については、基礎年金番号や住民票コードを使うのか、新たに新しい番号をみんなに振るのか、これから考えていくとあります。

これが今の日本の番号制度「マイナンバー」のもとになっていて、2013年の「マイナンバー法」の成立で、現在の「マイナンバー制度」が誕生しました。

◆個人の所得のすべてを把握するのは、大変な作業

自分の銀行口座を国に知られたくないので、「マイナカード」には銀行口座を紐づけたくないという人は多くいると思います。

けれど残念なことに、**みなさんの所得はすでに税務署に把握されています。**

なぜなら日本では、「所得税法」「相続税法」「租税特別措置法」などの規定で、こうしたものを法定調書として税務署に提出しなくてはならないことになっているからです。この法定調書からは、支払った賃貸料や契約して払った利息など、誰がどれくらいのお金を誰に支払ったのかがわかります。

ただ、法定調書は今の法律では60種類もあり、2018年で言えば、なんと3億4287万枚も発行されています。税務署は、この膨大な法定調書から、誰が誰とどう取引したかを把握しなくてはならないのです。

1つの会社に勤めているだけの人なら、そこからの収入しかないので簡単に所得を把握できますが、会社員でも様々なところで副業をしていて、それが住んでいる

東京だけでなく、大阪や自分の実家がある九州や、妻の実家がある北海道でもアルバイトで稼いでいるとなると、所得はなかなか把握しにくくなります。

そういう人の所得を、国はどうやって把握しているのでしょうか。

◆「マイナンバー」があれば、一発で所得は把握できる

名前や生年月日から調べるという手もありますが、同姓同名の人や同じ誕生日の人、中には偽名を使って仕事をしている人もいるでしょう。

そこで、1人に1つしか与えられていない「マイナンバー」という番号が重要になるのです。**この番号で、各地の税務署に提出された書類をまとめれば、一発で、その年にどれくらいの所得があったかが正確に全部把握できます。**

税務署に提出する法定調書などの書類には「マイナンバー制度」が始まった2016年以降、「マイナンバー」を書くことが義務づけられています。つまり、「マイナンバー制度」がスタートした段階で、ほとんどの人の所得はカードなど持ってい

なくても、「マイナンバー」で把握されているということです。

従業員のマイナンバーは事業者が税務署に届け出ますが、従業員が会社を辞めても7年間は保管しなくてはならないことになっています。

◆「マイナンバー」で、銀行預金まで把握される？

「マイナンバー」を提出してくださいと言っているのは、税務署だけではありません。証券会社で口座をつくるときや生命保険などの支払いでも、「マイナンバー」を要求されます。

銀行の場合には、まだ「マイナンバー」の提出は義務化されてはいません。

各界の有識者で構成されている「令和国民会議（令和臨調）」という組織は、政府への提言で「マイナンバーで国民の報酬を把握できるようにするべきだ」と言っています。また、世代間・世代内の不公平を把握して公正な所得再分配を実現するには、「マイナンバー」を活用して多様な働き方の報酬を把握する必要があるとも指摘しています。「令和臨調」の共同座長で三菱ＵＦＪ銀行特別顧問の平野信行氏も会見で、「資産や所得の把握に一番欠けているのは銀行口座への登録で、これは義務化すべきだ」と言っています。

しかも、２０２３年度下期以降には、「マイナンバー」と紐づけた公金受取口座の事前登録受付が始まり、２０２４年春には、口座開設時などにマイナンバーによる預貯金口座管理の意向確認が義務化される予定です。

国が「マイナンバー」や「マイナカード」を使って銀行の口座を紐づける方法は、２つあります。

それは、**「預貯金口座管理制度」**と**「公金受取口座登録制度」**です。

「預貯金口座管理制度」は、預金者によって届け出られた「マイナンバー」によって管理され、「公金受取口座登録制度」では、「マイナカード」で預貯金口座を紐づけることによって管理されます。

◆「預貯金口座管理制度」では、すべての口座が名寄せできる

「預貯金口座管理制度」は、2018年に「預貯金口座付番制度」としてスタートした制度です。これは、今のところは「任意」で、金融機関で口座と「マイナンバー」を紐づけます。銀行の窓口で新しく預貯金口座を開設したときや住所変更をするときに、銀行から「マイナンバー」の提供を求められ、銀行はこの情報を口座情報と合わせて行政機関に渡します。

すでに、投資信託や債券、海外送金などは「マイナンバー」がないと口座そのものをつくることができませんが、預金の口座については、今のところ「マイナンバーを提出してください」というお願いベースになっています。

この「預貯金口座付番制度」が2024年には「預貯金口座管理制度」にバージョンアップし、その人が持っている複数の銀行口座が「マイナンバー」に紐づけられ、

一括届け出が可能になります。この届け出は、「マイナポータル」からできるようになっています。

こうしてすべての銀行口座を「マイナポータル」に紐づけてしておくと、相続などのときに、故人の「マイナンバー」を入れただけですべての預貯金口座情報が名寄せ（口座情報を一括で拾い出す）されて、相続が圧倒的に楽になると政府は宣伝しています。

具体的には、預貯金をしている人が「マイナンバー」で口座管理されることを希望すれば、金融機関がそれを預金保険機構に知らせ、預金保険機構が相続人に知らせてくれることになります。

このシステムは、災害時などにも使われることになっています。

確かに、**相続や災害で通帳を失ってしまったときなどには使える制度ですが、だ**

からといって多くの人が便利さを感じるかどうかは別です。口座を一括で把握されてしまう可能性があるので、肯定的に捉えていいかと言えば難しいかもしれません。

◆「公金受取口座登録制度」は、登録を外すことも可能

「公金受取口座登録制度」とは、年金、児童手当、税金還付金など、公金をもらうことを目的としていて、これを国（デジタル庁）に登録する制度のことです。２０２２年１月から運用開始されています。

「預貯金口座付番制度」と似ていますが、「預貯金口座付番制度」は金融機関の窓口で口座に「マイナンバー」を紐づけるのに対し、「公金受取口座登録制度」の場合には、直接「マイナカード」などに口座を紐づけます。

紐づける預貯金口座は、本人名義の口座で１人１口座。

給付金等の受け取りのための口座として使われて、対象となる給付金は、年金、税金、子育て給付金、就学支援金、障害福祉金、生活保護費、労災保険や失業保険

の給付金、公務災害補償金、職業訓練給付金、健康保険や介護保険などの給付金、災害被災者支援金などです。

ちなみに、今のところ「マイナポータル」についている公金受取口座の登録は、「マイナポータル」で外すことも可能です。

また、「預貯金口座管理制度」「公金受取口座登録制度」ともに「マイナンバー」の紐づけは「任意」です。銀行は、あたかも義務であるような言い方をあなたにしてくるかもしれませんが、嫌ならきっぱりNOと言ってもいいのです。

◆法律さえ変えれば、思いもよらぬ方向へ

今は銀行の口座への「マイナンバー」の紐づけは「任意」ですが、そのうち証券口座のように「強制」になるでしょう。

銀行口座に「マイナンバー」を紐づける最大の狙いは、預貯金に関する情報を入

手して、より正確な情報で税金を漏れなく捕捉していくこと。「マイナンバー」があれば、遠隔地の口座情報も簡単に捕捉できるし、生活保護を受けている人がたくさんの貯金を持っていてもわかります。

また、銀行が倒産した場合には、「ペイオフ」といって、1人あたり元金1000万円と利息まで守らせる制度がありますが、日本の銀行に複数の口座を持っている人を簡単にチェックでき、預金の払い戻し過ぎも防げます。

日本は法治国家なので、政府が独裁的なことはできないようになっています。ただ、法律さえ変えてしまえば、思いもよらない方向に向かうことも考えられます。

実は「マイナンバー制度」も、「保険証」を合体させるなどというとんでもないことになるとは、最初は誰も思いもしませんでした。

1兆円をドブに捨てた！「元祖マイナカード」

実は、2016年に「マイナカード」ができる前に、日本には国がつくった「住民基本台帳ネットワーク」（以下・住基ネット）というものがあって、住基カード（住民基本台帳カード）というカードが発行されていました。

住基ネットは1999年に法案が成立し、2002年に立ち上がり、2003年から本格始動した制度でした。その本格稼働に合わせて2003年に住基カードが発行されました。今から約20年も前のことです。

◆目的は、国民全員の財産の把握!?

「住基ネット」は、自治体ごとにあった紙の「住民基本台帳」を電算化し、各自治体をネットワークでつなぐというもの。

その際に、国民全員に番号を振って、個人情報を紐づけて政府が国民の財産や言動まで監視しようとする「国民総背番号制」などとも揶揄《やゆ》され、「国民を番号で管理して、財産を吸い上げようというのか」という反発も出ました。

実際に当時、私もいろいろなところを取材しましたが、財務省では「完璧に税金を徴収するためにはどうすればいいのか」という話が盛んに出ていて、財務官僚は「住基ネット」に意欲的でした。

国民全員に背番号を振っておけば、ゆくゆくは納税者番号とつなげることで、国民1人1人の財産が把握できるので徴税もしやすくなるからです。

ところが、こうした目論見を察してか、多くの人が「国民総背番号制」はけしからんと声を上げ、しかも、なんと自治体の中にも「住基ネットには入らない」と反旗をひるがえすところも出てきて、大騒ぎとなりました。

◆「証明書自動交付機」を全国に設置し、税金をドブに捨てる

「住基ネット」には、「住基カード」というものがありましたが、せいぜい身分証明書になる程度で普及せず、2015年12月28日、「住基ネット」の撤退とともに終了しました。2003年8月の発行開始から終了までに、住基カードを持ったのは全国民のわずか5・5%でした。

ちなみに、「住基ネット」では、便利さをアピールするため、全国各地の公共施設や駅などに、「住基カード」があれば住民票や証明書などが自動で交付されるという「証明書自動交付機」を設置していました。

全国でどれだけの数の「証明書自動交付機」が設置されたのか正確な数字は把握されていないようですが、仮に各自治体に2台設置されたとしても約6000台。これが、次々と撤去されていき、ほぼ完全になくなっていますから、どれだけ無駄

な税金を使ったのか想像がつくでしょう。

◆公式にかかったお金は約2000億円だが、実際には1兆円以上

「住基ネット」は、公式には、システム構築の初期費用に約400億円、年間の維持費が約130億円で、**13年間でかかった費用は2100億円と公表**されています。

ただ、ここには自治体が独自でシステム構築のためにかけたお金については、加算されていません。


「住基ネット」は、政府だけがシステムをつくっても稼働しません。構築のために各自治体が受け皿としてのシステムを構築しなくてはなりませんが、構築費用負担だけでなく、前述の「証明書自動交付機」の設置なども自治体でしています。また、当時はまだ自治体の職員の中でITに精通しているという人も少なかったので、人を雇ったり研修を受けたりという費用もかかったでしょう。

当時、3000以上の自治体がありましたが、それぞれの自治体が平均で「住基

ネット」に年間2000万円くらいかけていたとしても、13年間で3000万円近い金額。大阪や東京などの大都市の自治体はもっと多くのお金をかけているでしょうから、これだけでも1兆円を超える額になります。

こうしたお金は、私たちの税金から出ていますから、**実際には税金1兆円以上をドブに捨てた**ことになります。

◆仲良し「IT村」は、「マイナカード」で復活

「住基カード」について、政府は「住基ネットの導入で世の中がIT化され、住基カードが飛躍的に生活を便利にする」と大ボラを吹いていたのですが、ほとんど誰も便利さを感じず、なくてもまったく不便のないカードでした。

これは、明らかに「政策の失敗」です。

ところが、「失敗」しても、日本の政府はそれを認めず、反省もしませんから、当然ながら誰かが責任を取るというようなことにはなりません。

まずいなと思ったら、死んだふりをして国民の追及の手が緩まるまで待って、頃

合いを見てまた同じようなことを始める。第6章で、IT戦略がことごとく失敗し、「デジタル敗戦」と言われた日本の20年について詳しく書いていますが、この20年の歴史は、「住基ネット」「住基カード」とも重なります。

そして、政府が新たに「マイナンバー」に、多額の税金を投入することを決めたことで、死んだふりを決め込んでいた「住基ネット」でムダ金を使ってきた「IT村」の住人たちも、再び息を吹き返しました。

◆天下り「IT村」の親分復活！

「住基ネット」は、IT企業にとって金のなる木である「巨大公共事業」です。ダムや道路などの「公共事業」に巨額の税金を使うと言えば国民は総反発しますが、ITに使う分には、良し悪しの正しい判断ができない人が多い。ですから、同じ「公共事業」でも、ITで使うと言えば予算がつきやすいのです。

「住基ネット」で死んだふりをしていた政府御用達の富士通やNEC、日立、NTTデータなど、いわゆる「IT村」の企業は、「マイナンバー事業」がスタートしたことで、胸をなでおろしたのではないでしょうか。

なぜなら、「住基ネット」の元締めは「地方自治情報センター」。ここは、旧自治官僚の有力な天下り先で、歴代理事長の大半が自治事務次官経験者。ここが再び「マイナンバー」のシステムの元締めになることになったのですから。

◆看板を掛け替えて再スタートした「地方自治情報センター」

「地方自治情報センター」は、デジタル庁の発足とともに「マイナンバー」を国と地方公共団体で共同管理する法人となり、看板を掛け替えて再スタートを切りました。これが、現在の「マイナンバー」のシステムの元締めである「J－LIS地方公共団体情報システム機構」です。

もちろん、親分が新しい「J－LIS地方公共団体情報システム機構」という看板で再スタートしたのですから、仲良しの「ＩＴ村」の企業たちも、沈む「住基ネット」という船から離れ、新しくスタートした「マイナンバー」という船にぞろぞろと乗り移ったことは言うまでもありません。

マスコミは、ダムや道路という目に見える「公共事業」の無駄は批判しやすいですが、ＩＴとなると評価が難しい。おかげで、マスコミの集中砲火を浴びることもなく、みんな無事に生き延びて現在に至っています。

◆「住基カード」と「マイナカード」の違い

ほとんど普及しなかった「住基カード」ですが、このカードと新しくできた「マイナカード」は、どう違うのでしょうか。

次ページの表は、総務省のホームページにある、「住基カード」と「マイナカード」の違いです。ここには、次のような注釈が添えられています。

■住民基本台帳カードとマイナンバーカードの比較

	住民基本台帳カード	マイナンバーカード
券面の記載内容	・住民票コードの券面記載なし ・顔写真は選択制	**・個人番号を券面に記載（裏面）** **・顔写真を券面に記載**
電子証明書	・署名用電子証明書（e-Taxでの確定申告等の電子申請に使用）	・署名用電子証明書 **・利用者証明用電子証明書（新規）** **（コンビニ交付やマイナポータルのログイン等、本人であることの認証手段として使用）** **・民間利用可能**
手数料（電子証明書）	500円が主（電子証明書を掲載した場合は1000円）	**無料（電子証明書含む）**
有効期間	・発行日から10年 ※電子証明書（署名用）は3年	・発行日から申請者の10回目の誕生日まで （ただし、20歳未満の者は容姿の変化が大きいため、申請者の5回目の誕生日まで） ※電子証明書（署名用・利用者証明）は発行日から5回目の誕生日まで
利便性	・身分証明書としての利用が中心 ・市町村による付加サービスの利用（コンビニ交付、図書館利用など）	・身分証明書としての利用 **・個人番号を確認する場面での利用（就職、転職、出産育児、病気、年金受給、災害等）** ・市町村、**都道府県、行政機関等による付加サービスの利用**（図書館利用等のほか、**健康保険証、国家公務員身分証等**） **・コンビニ交付利用の拡大（利用者証明用電子証明書の活用による）** **・電子証明書による民間部門を含めた電子申請・取引等における利用**

出典：総務省ホームページ

「マイナンバーカードは、交付手数料の無料化、電子証明書の標準的搭載、個人番号の確認の場面や付加サービスの拡大などにより、住基カードに比べ利用機会が大きく増えています」

確かに、便利性の項目は増えていますが、だからといって、これで飛躍的に便利になったのかと言われたら、ピンとこない人のほうが多いことでしょう。住民票がコンビニで取れるようになったと言われても、そもそも住民票が必要になることがそうはないので「ふーん」という感じ。

そこで、何か国民が「利便性」と感じるものはないだろうかと検討した結果、「マイナカードを保険証として使える」という便利さが、カードの目玉として急浮上してきました。

しかも、**「保険証」を廃止してしまえば、「マイナカード」に保険証をつけるしかなくなる**ので、カードの普及率も飛躍的に上がると政府は考えました。

◆「マイナカード」の保険証利用が半年遅れて大恥をかいた！

「マイナカード」が保険証として使えるというのは、国民にカードの便利さをアピールするには、インパクトの強い好材料となります。

実は、「マイナカードが保険証として使える」というビジョンは、カードが出る前からありました。ただ、様々な実証実験もしたのですが、なかなかスムーズにはいかず、試行錯誤を重ねていました。

政府は、まだカードの普及率が30％を下回っている段階から「２０２１年3月からは、マイナカードを保険証として利用できるので、ぜひカードをつくりましょう」という大宣伝をし、政府が発行する「マイナカード」の申込書などにも、大きく書いて国民に送りつけました。

ところが、２０２１年3月からカードに保険証がつくと大宣伝をしたものの、実際には不具合があまりにも多発して、3月のスタートをあきらめ、その年の10月に仕切り直ししてようやくスタートするという醜態をさらしてしまいました。

つまり、**「マイナカード」を保険証として使うということについては、最初から危惧されることが多かった**ということです。

ですから、2022年6月に閣議決定した「骨太の方針」には、「マイナカード」を保険証代わりに使うことで「保険証の原則廃止を目指す」としながらも、時期については「2024年度以降」と書いてあります。厚生労働省も、この時点では2024年秋に「保険証」を完全に廃止してしまうというのは念頭になかったようで、「現行の保険証も利用できる」という認識を示していました。

ところが、それがいきなり「廃止」という話になります。

◆デジタル大臣が強引に決めた、急転直下の「健康保険証廃止」

前述のように、2022年6月までは、「健康保険証の廃止」は、まだまだ先の話という雰囲気がありました。

ところが、8月10日に、河野太郎氏が岸田内閣の第4代デジタル担当大臣に就任してから、事態は急変しました。

河野大臣が、10月13日の閣議後の記者会見で、カードと健康保険証の一体化に向けた取り組みを前倒しするために、保険証を「廃止」すると公表。その期限を2024年秋と断言したのです。

「保険証」を廃止するということは、希望者だけが「任意」で持つ「マイナカード」をマイナ保険証として必ず誰もが持たなくてはならないものにするということ。これによって、否応なく全国民が「マイナカード」を持たなくてはならなくなりますから、各方面から反発の火の手が上がったのは当然のことでしょう。

しかも、この国民皆保険を揺るがすかもしれない重い決断を、こともあろうに**管轄の厚生労働大臣ではなく、門外漢ともいえるデジタル大臣が強引に決めた**のですから、大きな波紋を呼びました。

◆国民の健康よりも、マイナカードの普及

河野大臣の頭の中には、「保険証を廃止」すると、人々に多大な影響を与え、保険難民が生まれかねないということを危惧するよりも、とにかくカードを普及させたいという思いしかなかったのかもしれません。

それは、同じ記者会見の中で語った、「マイナンバーカードは、いわばデジタル社会のパスポート。そのためのカードの普及、利用の拡大を強力に推進すべく、総理からのご指示のもと、9月29日から関係省庁の連絡会議を私が議長を務め、会議において関係省庁に検討いただいた結果を取りまとめました。先程、マイナンバーカードの取得利用の加速のための取組、それから経済対策におけるマイナンバーカード関連施策について、総理にご報告をしたところでございます」という言葉に表れています。

岸田総理に「突破力」を買われていた河野大臣は、慎重にやっていこうとする厚生労働省を押し切って、まさに独断専行といったかたちで「保険証の廃止」を決めることこそが、「マイナカード」を普及させる最善策だと判断したのでしょう。

◆「お前が始めたんだろう」は、お門違い

私は、河野大臣に、個人的に恨みがあるわけではありません。

ただ、以前『女性自身』という週刊誌で河野大臣に「原発反対」のインタビューをしたときに、2時間近く原発がなぜいけないのか、いかに不合理かを聞かされて4ページの記事を書いたことがあります。

ですから、大臣になった途端に「原発反対」を封印し、2021年の総裁選への出馬会見では「安全が確認された原発を再稼働していくのが現実的だ」と、安倍・菅政権時代の原発温存路線の踏襲を宣言したときには、正直、驚きました。こうもあっさり自説を曲げられる人なのかと、それ以来、河野大臣の発言を少し斜めに見るようになりました。

そのときの思いが、再び脳裏をよぎったのが、2023年6月25日の新潟県での講演で、マイナカードのトラブルについて質問した野党議員に対して、「マイナンバー制度は民主党政権が作った制度。『お前が始めたんだろ』と言い返したくもなる」

と言ったという記事を地元新聞で見たときでした。

これについて、民主党政権時代に厚労大臣を務めた長妻昭衆議院議員に聞くと、「1980年に、グリーンカードと呼ばれる納税者番号制度を導入するための法案を成立させたのは、大平正芳内閣。マイナンバー制度のスタート地点はここですよ。そもそも、民主党政権時代は保険証のカードへの紐づけはやめてくれと、私が大臣時代にも散々言ってきた。個人の医療情報が漏れたら、取り返しがつかないので。それは、今も言っている。そういうことは、河野さんは無視されていますね」。

過去の経緯はどうあれ、少なくとも**「マイナ保険証の義務化」と「保険証の廃止」ということを決めたのは、河野大臣。現在の「マイナカード」で起きている混乱の多くは、河野大臣が出発点になっている**ということを、本人も自覚したほうがいいでしょう。

始めたのは、河野大臣、あなたです。

#「マイナンバー」は強制、「マイナカード」は任意

「マイナンバー」と「マイナカード」は、違うものです。

こう言うと、「何を言っているんだ」と訝《いぶか》しく思う人もいるでしょう。

なぜなら、「マイナカード」は、単に「マイナンバー」が書かれたカードだと思っている人が多いからです。

しかし、両者はそもそも「強制」「任意」という正反対の性質を持っています。

また、「マイナンバー」と「マイナカード」は、根拠となっている制度が違います。

「マイナンバー」は「社会保障と税の番号制度」といって、社会保障や税で使う共

■「マイナンバー」と「マイナンバーカード」の違い

	マイナンバー	マイナンバーカード
所有者	・**日本に住む住民（外国人を含む）に強制的に割り当てる12桁の番号。拒否できない**（法人向けのマイナンバーとしては13桁の法人番号もある）	・**希望者が「任意」で持つカード**で、強制されてはいない。返納も自由
使用目的	・主な目的は**行政の効率化**	・目的は、**本人の合意のもとに個人情報を活用す**ること
民間利用	・**民間も利用するなら、法改正が必要**	・**法改正しなくても、民間が利用できる**
暗証番号	・**暗証番号は、英数字混合の6～16桁**で、本人が設定	・**暗証番号は簡易（4ケタの数字）**
携行	・マイナンバーを記した**通知カードは自宅に保存、**番号は本人だけが保持	・**身分証明カードとして持ち歩く**
責任の所在	・トラブルが起きたら、**国が責任を持つ**	・トラブルは原則として**自己責任**
その他	・使用者は公的機関（国、自治体などの各機関）に限定	・券面には「マイナンバー」が書かれているが、マイナンバーとの直接の関係はほとんどない

※各種資料を基に筆者作成

通の番号を国民全員に割り当てて、税金や保険料を正確に把握し、公平性を担保していこうという制度。

いっぽう**「マイナカード」は「国民ＩＤ制度」といって、いつでもどこでも行政サービスを受けられるように電子政府にアクセスできるＩＤになるカードで、ＩＣチップの中の電子証明書が利用できる**ようにしようというものです。

◆「マイナンバー」って、どんなもの？

「マイナンバー」は、すべての国民に割り振られた番号です。

２０１５年10月5日、住民票を持つ日本国内の全住民に、1人に1つ、12桁の個人番号がつけられました。これが「マイナンバー」です。

「マイナンバー」は、国から強制的につけられた番号で、生まれてから死ぬまで、生涯その1つの「個人番号」が、その人の番号ということになります。外国人でも、日本に住民票がある人は、この「マイナンバー」を取得することになります。

2016年1月からは、この「マイナンバー」を利用した、行政のデジタル化がスタートしました。行政のデジタル化とは、今まで非効率だった行政の業務を、デジタルを導入することによって効率よく進めていこうというもの。

結婚や引越しなどで姓や住所が変わっても、本人が持つ番号は変わらないので、変更の手続きもスムーズにできます。会社員なら、会社の社会保険などへの届け出や、会社が源泉徴収票を作成するときにも、「マイナンバー」が使われています。

◆行政のデジタル化は、「マイナカード」がなくても進んでいる

みなさんの中には、「マイナカード」がないと、行政のデジタル化が進まないと思い込んでいる人はいませんか？

岸田首相をはじめとして、国をあげて「行政のデジタル化を進めるには、マイナカードの普及が大切」といった趣旨の発言を繰り返しています。こうした言葉を聞くと、「やっぱり行政のデジタル化には、マイナカードが必要だ」と思うのも無理

はありません。

けれど、これは「嘘《うそ》」です。

なぜなら、**「マイナカード」などなくても、赤ちゃんからお年寄りまで、すべての国民には「マイナンバー」という個人番号がすでにつけられているので、これで行政のデジタル化は粛々と進んでいる**のです。

各種申告書の申請や届け出、提出は「マイナンバー」でできるし、各種支払い手続きや児童手当の確認請求などの特定個人情報についても処理されます。

しかも、**「マイナンバー」は、国が強制的に国民全員につけた番号なので、情報漏れなど何かトラブルが起きたときには、その責任は国が負う**ことになります。

◆「マイナンバー」では、個人情報の一元管理はできない

「マイナンバー」の、個人情報を保有するのは、それぞれの行政機関です。

もし、ほかの行政機関で個人情報が必要となった場合、番号法で規定されている事務に限り、「情報提供ネットワークシステム」を使用して、情報の照会・提供を行うことになっています。

その場合には、しっかり記録も残ります。

ですから「マイナンバー」の情報は、簡単には見られないし、個人情報を芋づる式に見るということもできないようになっています。


これは、「住基ネット」で国が得た教訓でもあります。

「住基ネット」では、住民基本台帳をネットワーク化し、全国共通で本人確認ができるシステムを構築して、国が一元的に情報管理をしようとしました。

ところが、これに対して全国で40件近い訴訟が起きました。この裁判では、ほとんどは国が勝ちましたが、一部敗訴したところもありました。

さらに、東京都杉並区や国立市、福島県矢祭町《やまつりまち》などは、「住基ネット」そのものへの不参加を表明。「全国共通」構想は崩れ、手ひどい打撃を受けました。

そこで、「マイナンバー」では、こうした失敗を繰り返さないために、最初から「個人情報の分散管理」をしたということです。

◆「マイナカード」は、本人の希望でつくるのもやめるのも簡単

では、「マイナカード」はどうでしょうか。

「マイナカード」は、マイナンバー法第17条第1項で、「その者の申請により、その者に関わる個人番号カードを交付するものとする」と定めています。つまり、申請されたら交付するという、「任意取得の原則」を定めているのです。

このように**「マイナカード」は、あくまでも本人が希望して、つくるもの**です。「マイナンバー」のようにすべての人に強制されるものではなく、自分から手を挙げ、同意のもとでつくられる「任意」のカードということです。

ここが「マイナンバー」と最も違うところです。

ですから、いろいろな用途に拡大して使っていっても、もし自分の意に沿わないとなれば、カードを返納して自由にやめていいですよということになっています。

さらに、本人の希望で発行するカードなので、44ページで書いたように、**「マイナポータル」で何か被害を受けても、国は責任をほとんど負ってくれません。**

◆入手のハードルを下げ「マイナカード」の普及を狙う

「マイナンバー」に比べて、「マイナカード」のセキュリティは、暗証番号1つ取っても緩いと33ページで書きましたが、それは、より多くの人にカードを使ってもらうため。「マイナンバー」のように覚えていられないような暗証番号にしては、誰もが気軽にカードをつくって使うことが難しくなるからでしょう。

つまり、厳重な管理で情報漏れを防ぐことを第一に考えられている「マイナンバー」に比べたら、**「マイナカード」は広く普及させることを優先**していて、そのために誰もが覚えていられる範囲の暗証番号でいいようになっているのです。

◆「マイナカード」は、民間にも広く門戸を開いている

「マイナンバー」と「マイナカード」を比べると、「マイナンバー」のほうは行政の業務のデジタル化を目的として厳重に管理されていて、**極力情報が漏れないような気配り**がされています。

いっぽう、**「マイナカード」は、たくさんの人がみんなでこのカードに紐づいている個人情報を使える**ように民間にも広く門戸を開いています。

「マイナンバー」は「法令で使われる主体が限定」となっていてそれ以外の人が使うことができないのに対して、「マイナカード」は民間も含めて幅広く利用が可能という大きな違いがあります。

ただし、誰でも利用できるといっても、企業については既存の企業だけでなく新規参入の企業についても、「内閣総理大臣及び総務大臣の定めるところにより利用可能」となっています。

◆「マイナンバー」から個人情報が「芋づる式」に漏れることはない

誰でも使える「マイナカード」に比べて、利用できるのが国や自治体に限られている「マイナンバー」は、それだけ管理も厳しくなっています。

その代わり、それだけの情報を把握しているわけですから、情報流出などのトラブルがあった場合には、国が100％責任を持ちます。

「マイナンバー制度」の仕組みを説明するときに、よく言われるのは、「マイナンバー制度では、個人情報を一元管理はしない」ということ。つまり、個人情報が「芋づる式」に漏れるようなことはないので大丈夫ということです。さらに、アクセスできる人も限られていて、更新も暗号化されているので大丈夫と言われます。

これは、すべて「マイナンバー」についての話です。

いっぽう「マイナカード」になると話は別で、カードについているICチップで「マイナポータル」に入って個人情報を見ようと思ったら、様々なところにアクセスできますから、簡単に見たい情報を引き出すことができます。

◆「マイナンバー」の情報を漏らしたら、厳しい罰則が

「マイナンバー」は、国が厳しく管理するものですから、ここで知り得た情報を外部に漏らしたら、厳しい罰則を与えられることになります。

国の行政機関や地方公共団体の職員などが「マイナンバー」を使って知り得た情報を流したり、秘密を漏らした場合は、3年以下の懲役または150万円以下の罰金となります。この罰は、どちらかではなく両方を科せられることもあります。

民間事業者や個人が「マイナンバー」を使って様々な事務を行うのに、正当な理由がなく業務で取り扱う個人の秘密が記録された特定個人情報ファイルを誰かに提供すると、4年以下の懲役または200万円以下の罰金となり、これもどちらかではなく両方を科せられることもあります。

また、不正アクセス行為などで「マイナンバー」を取得した場合には、3年以下の懲役または150万円以下の罰金と、かなり重い刑を科せられることになります。

このほか、国外犯に関する罰則や、両罰規定も定められています。

では、「マイナカード」については、どうなっているのでしょうか。

マイナカードは、基本的には自己責任。44ページで書いているように、「マイナポータル」でトラブルに巻き込まれても、「故意又は重過失によるものである場合を除き、デジタル庁は責任を負わない」となっています。

◆「マイナカード」のトラブルは「遺憾」で済んでしまう!?

コンビニで住民票を「マイナカード」で取ろうとしたら、他人の住民票が出てきたのは、富士通Ｊａｐａｎのミスだと河野大臣は名指ししました。

さらに、窓口の端末操作でログアウトし忘れたのは個人のミス、登録を誤ったのは自治体のミス、入力し間違えたのは健保組合のミス、公金受取口座に誤登録があったのは国税庁のミスと、様々なところでミスが起きています。けれど国が責任を取るといった態度はほとんど示しません。

もちろん、不始末が出るたびに「遺憾です」などのコメントはしますが、その原因を説明するだけで、国に責任があるとは思っていないふうに見えます。

たぶん、**「マイナンバー」で起きた事故について政府は全責任を負わなければいけないが、「マイナカード」で起きたことは、私たちの責任ではありません、といった意識が根底にあるのではないでしょうか。**

それくらい、「マイナンバー」と「マイナカード」は国の構え方が違うのです。

◆「マイナカード」には、「強制」する必要性も正当性もなかった?

そもそも、「マイナンバー」は強制なのに、なぜ「マイナカード」は「強制」ではなく「任意」なのでしょうか。たぶん、政府は「マイナカード」も「強制」にしたかったのでしょうが、法律でそう定める根拠が希薄だったのでしょう。

マイナンバー制度の設計に関わった水町雅子弁護士が次のような発言をしています。

「カードがなくてもマイナンバー制度は成り立ちます。国民の権利義務を定めるのが法律なので、カードの取得を義務化するなら、法律でそう書く必要があります。

しかし、日本には、身分証明書の携行が常に求められるような社会不安はない。マイナンバーカードの取得を義務づけねばならないという立法事実がなかったということだろうと思います」（2022年12月14日付朝日新聞デジタル）

もし、「マイナカード」がないと、みんなの生活が不便だとか、持っていない人が著しい不利益を与えられるというなら、それは法律で義務化しなくてはなりません。ただ、「マイナカード」については、誰も「ないと困る」とは言っていなかったし、ないことで不利益を与えられる人もいなかった。

法律をつくるには、その法律がなくてはならない切実な現状が背景になければなりませんが、そうした必要性も正当性もなかったということでしょう。

◆「義務化」に失敗し続けた国民総背番号制の黒歴史

実は、政府には、昔から国民を番号で管理したい意向がありました。

1968年、佐藤栄作首相は「各省庁統一個人コード連絡研究会議」を設置し、すべての国民に番号を振って管理するという「国民総背番号制」を計画しました。今の「マイナンバー」と同じく、行政業務の効率化とサービス向上を目指すと言ったのですが、国に統制された戦争の記憶がまだ生々しい中で、「政府は、再び国民を監視する社会をつくろうとしている」という反発が大きく、頓挫しました。

1978年には、政府税制調査会が、「昭和54年度の税制改正に関する答申」を出し、この中で「利子・配当所得の適正な把握のためいわゆる納税者番号制度の導入を検討すべきとする意見」があったと記載しました。ただ、翌年の税制調査会で、納税者番号制を導入するための環境が不充分ということで、却下されました。

こうした中、1980年に大平正芳内閣が、グリーンカード制度を導入しました。当時は「マル優」と呼ばれる少額の貯蓄を一定の条件下で非課税にする制度があったのですが、これが悪用されており、悪用防止のために必要だということでした。

ところがここでも**「個人の貯蓄などの資産を国が把握しようというのか」という国民からの反発**は大きく、金融業界も反対したために、せっかく導入した制度も1985年には1度も実施されないままに廃案となりました。

その後、今度は2002年からスタートした「住基ネット」で、国は国民に番号を振り、管理しようとしました。ところが、国民に番号を振ることには成功したものの、多くの国民がこれに反発しただけでなく、住基ネットに接続しない自治体なども出てきて大混乱。住基カードの普及率もわずか5％程度で、「住基ネット」そのものが開店休業状態となりました。

◆「強制」できないカードを「保険証」で「実質強制」へ

「義務化」と「強制」で痛い目にあい続けてきた政府は、「マイナンバー」では「強制」で国民全員に番号を振りましたが、「マイナカード」は反発が大きいと判断したのでしょうか、「強制」を断念して「任意」としてスタートさせました。

国が「マイナカード」でやりたいと思っているのは、「DX」（第5章で詳しく説明）。「マイナカード」をすべての国民に持たせて「マイナポータル」に個人情報を蓄積し、情報の高速道路をつくりたい。けれど、「マイナカード」を義務化したら、「住基ネット」のときのように、情報統制だとか人権侵害などの大きな壁にぶつかって進まなくなる恐れもあります。

そもそも、多くの人が望まない中で「義務」にすることは、国民に反発を植えつける。ただ、「任意」のままだと、欲しい個人情報が充分には集まらない。

そこで、**「任意」と「強制」の間で選んだのが、「義務」である「保険証」を、「マイナカード」がなくては持てないようにして、「実質義務化」**してしまおうということです。

第4章

知らないと怖い、改正マイナンバー法

スピード改正で「マイナカード」は実質義務化

2023年6月2日、「改正マイナンバー法案」が参議院本会議で、自民党をはじめとする与党の賛成多数で可決されました。

この法案は、国民生活を大きく変える重い内容のものだったにもかかわらず、衆議院でたった13時間しか審議しないという超スピードで、参議院に回されました。

なんと「マイナカード」による情報の紛失や漏洩《ろうえい》の報告が、2017年から5年間で約3万5000件、2021年10月以降も「マイナ保険証」に別人の情報が誤って登録されたトラブルが少なくとも7300件以上報告されていて、しかも、毎日のように新しいトラブルが噴出している状況のまっただ中なのに！

また審議では、障害者や高齢者、認知症の方など、社会的弱者と言われる方たちが、「マイナカード」の顔写真の撮影から手続き、管理まで、高いハードルを越えなくてはならない実態を説明し、議論を尽くしてほしいと涙ながらに訴えました。

ですから、本来なら立ち止まってもう1度考えてみるべきところですが、こうしたことに対する配慮は示されないまま、自民党、公明党、日本維新の会、国民民主党が賛成して、有無を言わさず数の力で押しきったというかたちになりました。

「何があってもがむしゃらにカードの普及に突き進む」とも取れるような、数の力を背景にした強硬な裁決でした。

◆ありえない事柄がてんこ盛りの「改正マイナ法案」

この法案成立で、２０２４年の秋に「保険証」を廃止して「マイナ保険証」を義務化することや、マイナンバーと年金受給口座との紐づけを強化するなど、少なからず私たちの生活に大きな影響を与えるいくつもの事柄が決まりました。

この採決で、私たちが想像もしなかった、ありえない、もしかしたら取り返しがつかなくなるような事柄がいくつも決まりました。

中でも、今後、私たちの生活に悪影響を与えそうなのが、次の3つです。

●「マイナ保険証」の義務化と「保険証」の廃止
●利用範囲の拡大
●拒否しないと、年金口座がカードに紐づけられる

この3つについて、順に詳しく見ていきましょう。

◆「任意のマイナカード」を事実上の「義務化」に

再三書いてきたように、「マイナカード」をつくるかどうかは、「任意」です。なぜ「任意」なのかといえば、「マイナカード」を鍵として入ることのできる「マイナポータル」からは、膨大な個人情報を引き出すことができ、個人のプライバシーの問題と深く関わっているので、これを「強制」するのは難しいからです。

もし「強制」となったら、「マイナカード」そのものに反対する人が多数出てきて、制度そのものが成立しなくなる可能性があります。

そこで政府は、「マイナカード」を事実上強制的に全国民に持たせるために、「マイナカード」に、すでに日本国民全員が持っている「保険証」の機能を付与し、「保険証」を廃止しようと考えました。

◆「保険証の廃止」で、カードをつくらない人を脅す

全国民が持っている紙の「保険証」をデジタル化してマイナカードに搭載した「マイナ保険証」を義務化すれば、マイナカードは「任意」のままでも、事実上は、誰もが持たなくてはならない「強制」と同じことになります。

「保険証」は、日本国民が60年かけて慣れ親しみ、信頼度も高いものです。

いっぽう、「マイナカード」はトラブルが多すぎて信頼が地に落ちそうな状況ですから、この「マイナカード」の信頼度を上げるためにも、「保険証」との一体化は必要だったのでしょう。

そこで、全国民に「マイナカード」を持たせるために、「マイナカード」に「保険証」の機能を搭載して「マイナ保険証」として使うことを義務づけました。

ただ、今の「マイナカード」では、トラブルが絶えず、あまりにも不安でカード自体を持ちたくないという人もいます。何度も書きますが、「マイナカード」は「任意」なので、そういう人にカードを「強制的」に持たせることはできません。

その代わりに、「保険証」を廃止して使えなくしてしまい、「カードをつくらなければ無保険者になるぞ」と脅しをかけたのです。

◆「資格確認書」の窓口負担料は、「マイナ保険証」より高い

中には、政府の脅しに屈せず、絶対にカードをつくらないという人もいます。**そういう人には、「資格確認書」を発行するのですが、これも申請が面倒。しかも、窓口での支払いは、「マイナ保険証」よりも高く設定されています。**それが嫌なら「マイナカードをつくってね」と言わんばかりです。

今の「保険証」は、サラリーマンの場合、会社を辞めるまでは使い続けることができるし、自営業者や高齢者などの保険証には有効期限がありますが、保険証が切れる前に新しい保険証が送られてくるので、何の手間もなく新しいものに差し替えて使えばいいだけです。

ところが、「資格確認書」の場合には、基本的には1～5年に1度、役所の窓口に行って申請し、新しいものを発行してもらわなくてはなりません。

政府は、「資格確認書」については、最初はこれを使う人からは「金を取る」と言っていたのですが、さすがにそこまで嫌がらせをしたら反発されるだろうということで無料になった経緯があります。

◆弱者に鞭打つ法改正

「マイナ保険証」の義務化と「保険証」の廃止は、日本の国民皆保険制度から、弱者を弾き出す法律です。なぜなら、基本的には役所の窓口に行って自分で手続きしなくてはならないので、寝たきり老人、認知症の人、障害があって歩けない人、引きこもりの人などは、手続きできないからです。

岸田首相は会見で「プッシュ型で手元に届ける」と言いましたが、その会見で配られたペーパーには、しっかり「当分の間」と書かれていました。

この「当分の間」がどれくらいの期間を指すのかはわかりませんが、「資格確認書」については期間を最長5年にするということで、共産党の機関紙『赤旗』2023年8月12日号では、「『資格確認書』をめぐり、厚生労働省は9日、本人からの申請によらず〝プッシュ型〟で交付・更新する期間は〝少なくとも2年間〟との考えを示しました。それ以降は更新手続きが必要となり、手続きが難しい人などは〝無保険〟状態になる恐れがあります」という記事を載せています。

もちろん、**代理申請はできますが、その場合には、本人が窓口に行けないことを証明したり、代理人の証明をすることも必要で、かなり面倒**になります。

しかも、身寄りのない人などは、誰が代理をしてくれるのか決まっていません。政府は「自治体」がやると言うし、自治体は人手がないので「ケアマネジャーに」と言う。ケアマネージャーは「無理なので施設で」と言い、施設は「手が回らないので政府でやってもらわないと」と言う。

結局、身寄りのない身体の不自由な独居老人などは、**手伝ってくれる人が見当たらないまま無保険になっていく**ということになりそうです。

◆若い人は、健康保険制度から抜けていく？

弱者を切り捨てる社会保障制度とは、いったいなんなのでしょうか。

しかも、今のみんなで支え合う健康保険制度が、弱者の割合が増える不健全な制度になっていく可能性もあります。

2万円のポイントにつられてマイナ保険証をつくった人の中には、**5年ごとに役所の窓口に行かなければ保険証が更新できない**ということを知らない人もいます。また、**暗証番号を忘れる、もしくは何度か間違えると使えなくなり、再発行まで時間がかかる**ことを知らない人もいます。

再発行には、緊急で5日、通常だと1カ月以上と言われていますが、実際には役所の体制が整っておらず、2カ月くらいかかるケースも出てきそうで、その間は無保険ということになりかねません。

いったん無保険になると、若い方などはあまり病気をしないし、保険料もバカ高いので、そのまま健康保険制度から抜けていってしまうのではないかと思います。

そうなれば、日本の国民皆保険は、崩壊します。

こうした議論もないままに、みんなに「マイナカード」を持たせたいというその一点だけで「マイナ保険証の義務化」と「保険証の廃止」を、異論を挟ませずに決めてしまったことは、後世に禍根を残すことになりそうです。

◆利用範囲を拡大して「なんでもアリ」にしてしまった

今回成立した法案は、今まで社会保障・税・災害対策の3分野に限られていた利用範囲を拡大。法律の規定に「準ずる事務」でもOKということにしました。法律の規定に「準ずる事務」などというのは、いくらでも解釈で広げることができるので、実際には、**これまで社会保障・税・災害対策の3分野に限られていた利用範囲を、「なんでもアリ」にした**ということです。

しかもそれだけではありません。これまで「マイナンバー」を使う行政機関や、その行政機関がどんなことに「マイナンバー」を使うのかは、プライバシーの観点からも厳しく定められていました。ですから、社会保障・税・災害対策の3分野以外のところで使う場合には、法改正が必要で、かなり高いハードルがありました。

けれど、今回の改正で「準ずる事務」という言葉が入ったことで、実質的にはこの規定が外れて「なんでもアリ」になり、法改正しなくても「マイナンバー」を何にでも利用できるようになりました。

行政の判断のみで、理屈さえつけられれば、なんでもできるということです。

◆個人が負うリスクは高くなった

利用範囲が広がったというと、なんとなく規制が外れてよくなったというイメージを持たれる方もおられるかもしれませんが、その分、個人が負うリスクは高くなりました。

たとえば、理容師や美容師、小型船舶操縦士、建築士などの国家資格に関する手続きには「マイナカード」を使えます。また、自動車登録に関する事務や在留外国人に関する事務、その他国家公務員の手当の支給などの事務にも、「マイナカード」が使えるようになります。

今まで窓口での手続きが必要なときに、紙で処理していたものがオンラインで申請できるようになれば、便利だと思う人は多いでしょう。

ただ、それで**トラブルが起きた場合には、自己責任になる可能性が高い。**

今までは、利用範囲が決まっていたので、それ以外のところで使われてトラブルが起きたら、行政が責任を持って対処しなくてはなりませんでしたが、その縛りが外れたということです。

ですから、大切な個人情報が、たとえば自動車登録の事務手続きをしているときに漏れたとしても、手続きの受付をした機関の責任は問えるかもしれませんが、行政の責任を問えるかと言えば難しいかもしれません。

◆アメリカも韓国も、利用範囲を狭めている！

イギリス、フランスなど、個人情報の保護に厳しい国では、マイナカードのように1つの番号ですべての個人情報が見られるようにはなっておらず、用途ごとに番号が違います。

1つの番号ですべての個人情報が引き出せるのは、日本のほかにアメリカ、韓国、シンガポールなどがありますが、アメリカでは、他人の社会保障番号を入手した人が本人になりすまして銀行預金を引き出したり、クレジットカードを使用したりする詐欺被害が多発。アメリカ税務当局によれば、なりすまし犯罪での被害額は、2006年からの3年間で1170万人、損害額は年約5兆円と言われました。

ですから、「このままいけば大変」とばかりに、**アメリカでは社会保障番号が利用できる分野を制限する動き**が出てきています。

韓国でも、これまで個人カードの利用範囲を拡大してくる中で、犯罪が多発しました。住民登録番号が盗まれ、本人になりすましてシステムに侵入する事件が多発していて、そのため、今は当初よりも利用範囲を限定しています。

すでに**世界では、個人カードの利用範囲は、広げれば広げるほど犯罪を増やすこ**

となるので、なるべく狭めるという方向に向かっているのです。

いっぽう日本はといえば、今回の法改正でわかるように、どんどん広げている。日本は「デジタル後進国」なのに、なぜ、デジタル先進国のヨーロッパやカード先進国のアメリカ、韓国に学ばないのでしょうか。

◆拒否しないと、年金口座を紐づけられてしまう

「政府に預金口座を知られたくないから、私はマイナカードに公金受取口座を紐づけしていない」という人は多いようです。

ところが、自分が気づかないうちに、いつの間にか公金受取口座が「マイナカード」に紐づいていたとしたら、愕然とすることでしょう。

今回の**「改正マイナンバー法」で、年金受け取りなどの公金口座と「マイナンバー」を紐づけることを拒否しない人は、全員、了承したとして紐づけられてしまう**ことになりました。

みなさんの「マイナンバー」には、年金については基礎年金番号、雇用保険については雇用保険者番号が紐づけられています。年金の基礎年金番号はすでに「マイナンバー」に紐づけられていて、これを拒否することはできません。

問題は、「マイナカード」に年金の受取口座を紐づけるかどうかです。

年金の受取口座を紐づけるということは、自分の銀行の口座を紐づけるということなので、そこからもしかしたら自分が持っている財産がバレるのではないかと思い、紐づけていない人は多くいます。

けれど、政府は1人でも多く銀行口座を紐づけたいので、今回の「改正マイナンバー法案」には、本人が明確に年金受取口座の紐づけを拒否しなければ、紐づけていいということを明記しました。

◆本人が知らないところで銀行口座が紐づけられているかも

「拒否しないと紐付ける」とは、どういうことでしょうか。

まず、日本年金機構が年金受給者に、年金の振込先をマイナカードに登録するかどうかを確認する文書を郵送で送ります。もし、登録したくない人は「不同意」というところにチェックして送り返さなければなりません。不同意であっても、「不同意」をチェックして送り返さない人は、同意したとみなされて、自動的に自分の年金受取口座が紐づけられることになりました。

面倒だと思って通知が来ても放っておくと、一定の期日が来たらすべて同意したことになり、紐づけられます。

これに日本弁護士連合会は、**「公金受取口座とマイナンバー（カード）の紐づけ登録には、名義人の積極的な同意を求めるべきであり、名義人が知らないうちに紐づけされてしまうような方法をとるべきではない」**と抗議の声明を出しています。

政府は、この紐づけを、年金受取口座から銀行口座など様々に発展させる方針。

ただ、本人が年金受取口座の紐づけにＮＯの意思表示をしても、他人の情報が紐づけされているケースがすでに８０００件以上あるので、とりあえずは定期的に自分の口座が無事かどうかを「マイナポータル」でチェックしておきましょう。

◆個人情報の民間活用で、情報漏れの危険は増す！

今回成立した法案は、「保険証の廃止」「利用範囲の拡大」「積極的同意なく公金受取口座を紐づける」といった、私たちが不安を抱くものになりました。

しかも、驚いたことに、２０２６年からは、偽造防止などセキュリティの高いマイナカード（新マイナカード）を導入するそうです。

これには愕然としました。セキュリティを高くするなどということは、「マイナンバー法」を改正する前に、最初にやっておくべきことでしょう。

「改正マイナンバー法」で、ますます「マイナカード」が使いやすくなると宣伝していますが、怖いのは、垣根を低くして、**個人から集めた医療などの個人情報を、これから民間企業にもどんどん使わせていく**ことです。

すでに、NTTドコモは、マイナポータル健康診断情報と連携して収集したデータをもとに、商売を始めています。また、今後は民間のPHR（Personal Health Record）業者と共同でのビジネス展開も計画しています。NTTドコモに限らず、政府は、マイナポータルの民間活用ということで、私たちの個人情報を民間企業に商売のタネとして提供していく方針です。

驚くようなトラブルが相次いで噴出し、多くの人が「マイナカード」に対して「不信」と「不安」を覚えています。ところが、そうしたことにはお構いなしに、政府は、先へ先へと進むスピードを加速しているように見えます。

なぜ、足元がぐらついているのに、これほどまでに急いで多くの人に「マイナカード」を持たせようとするのか。

次章では、なぜ不備が続いているにもかかわらず、これほどまでに政府が「マイナカード」の普及を急ぐのかの理由を見てみましょう。

第5章

政府の「DX」は、なぜポンコツなのか

政府が強引に進める「DX」の正体

大混乱を招いている「マイナカード」ですが、なぜ政府は、「保険証」を盾にとってまで「マイナカード」をみんなに持たせようとしているのでしょうか。

「マイナンバー」と「マイナカード」は別物だということは、すでに理解していただいたと思います。「マイナンバー」の導入目的は、「個人の所得を把握すること」と「行政をデジタル化」することです（第3章、第4章参照）。

では、「マイナカード」の導入目的はなんなのでしょうか。

「マイナカード」が目指すのは、**国が主導して、個人情報を使って、行政も個人も企業も活発に活動ができる情報の高速道路のようなものをつくること**です。

私たちは、様々な情報網を使って、電話もしているしインターネットもやっています。そこでは、様々な情報が瞬時にやり取りされています。

こうした情報網の1つに、国は、個人の情報を集めた高速道路のようなネットワークをつくろうとしています。この個人情報の高速道路を使って、個人が自分の情報を確認したり、行政などから情報をもらったり、様々な手続きを簡単にできたり、民間企業も個人に情報提供やサービスをしていけるようにしたいと考えています。

◆情報の高速道路に乗るのに必要な通行手形

様々な情報が素早くやり取りできるだけでなく、ネットを通していろいろな情報やサービスをネット内の人にいち早く届け、多くの人がその恩恵を受けられるような情報のネットワークを「DX（デジタルトランスフォーメーション）」といいます。

「トランスフォーメーション」とは、「変形」「変容」「変質」という意味ですから、

「DX」を直訳すると「デジタル変革」。デジタル技術を使って、多くの人の生活を変革し、よい方向に変えていくことを意味します。

デジタル化は業務の効率化やコスト削減を目的にしていますが、「DX」は、一歩進んでより広い範囲に使われます。すでに、多くの職場では、デジタル化による事務の効率化やコスト削減は進んでいると思いますが、さらにその先のマーケティングや商品開発、サービスのフィードバック、他社との競争力の強化、コンピュータのウイルス感染の回避などを行っていくには「DX」が必要となってきます。

こうした様々なことが可能になる「DX」のネットワークを、国は、国主導でつくっていきたいと考えています。そして、この**「DX」という情報の高速道路に乗るのに必要な通行手形が、「マイナカード」**なのです。

◆カード1枚で様々なことができる便利な社会

たとえば、国民全員が「マイナカード」という1枚のカードを持ち、それが身分証にも、保険証にも、運転免許証にも使えるとなれば、便利だと思う人は多いでしょう。しかも、「マイナカード」1枚で様々な行政手続きができて、給付金やサービスがすぐに受けられ、買い物も、飛行機や列車の切符の予約もでき、家の鍵もカードがあれば開くというなら、なおさら「便利だ」と思う方は増えるでしょう。

さらに、タクシーの配車サービスやオンラインスクール、フードデリバリーなど、生活に身近なサービスまでも「マイナカード」1枚でできたとしたら、もっと生活が便利になって、喜ぶ人は増えるはずです。

「マイナカード」を利用して、様々なものが「公的個人認証」できるようになれば、これまで必要だった対面の手続きや本人証明書類の郵送などによる本人確認も必要なくなります。ですから、オンラインによる公的サービスや民間サービスの利用、銀行口座の開設、クレジットカードの申し込みも、楽になります。

国は、日本をこうしたデジタル社会にしていこうと考えています。

◆新型コロナで日本は「デジタル敗戦」した

社会全体がデジタル化された状況になることは私たちの生活にとっては革新的なことで、その革新の風を巻き起こすのが「DX」です。

たとえば、少子化が進んで人手不足は先々もっと大変な状況になると予想されています。こうした中で、人の代わりにデータ処理などを迅速にできるシステムがあったら、助かるでしょう。また、人の代わりにある程度の判断を下せるＡＩが導入されていたら、山のような書類を前に途方にくれることもなくなります。

新型コロナのような状況が再び起きても、マスクやワクチンの状況がリアルタイムにつかめれば、事態を的確に判断でき、不足するところに重点的にモノを配布するということも容易にできるかもしれません。

新型コロナが流行したときに、すでに「ＤＸ」を活用していた台湾では、薬局のネットワークをつくり、どの薬局にマスクの在庫があるのか瞬時にわかるようにして、1週間もかからず誰もがすぐにマスクを手に入れられるようになりました。

いっぽう日本では、すでに必要なくなった頃にマスクが届けられました。「アベノマスク」と名付けられ、税金の無駄遣いだと非難を浴びました。

このコロナ騒動での「デジタルの活用のお粗末さ＝デジタル敗戦」で、日本政府は「DX」の重要性に気づいたといっても過言ではないでしょう。

◆スウェーデンでは、皮膚にICチップを埋め込む!?

すべてをデジタルの高速道路で結びつけ、便利な世の中にしていくというのが国が考えている「DX」ですが、そのベースには、多くの個人情報が必要となります。


海外では、「DX」で人々の生活が便利になっている国は、たくさんあります。便利なだけでなく、行政のコスト効率や、企業の国際競争力も高めています。

たとえばスウェーデンでは、すでに20年前から「DX」に取り組んでいて、現金がなくてもカード1枚で、買い物したり、電車に乗ったり、コンサートを見たり、家のドアを開けたりと、あらゆることが便利に使えるようになっています。

オンラインでの公的サービスや民間サービスも充実しており、銀行口座の開設、クレジットカードの申し込みもスムーズにできます。しかも、最近はカードさえ持たず、皮膚に米粒くらいのマイクロチップを埋め込んで、カードがなくてもそのチップを読み込めば、会社の社員証代わりになったり、電車に乗ったり、買い物したり、スポーツジムに行ったりと、何も持たなくても手ぶらで生活ができます。

現実社会にしっかりITが浸透していると、高齢者はいつでもどこでも安全に見守られているし、学校から帰ってきた子供たちも、帰宅時間と帰宅の様子を働くママが遠方から見て安全を確認できます。

日本政府も、そういう社会を目指しています。

◆情報ガラパゴスとなりつつある日本

ここまでは夢のある、いいことばかりを書いてきましたが、問題はすでに「デジタルガラパゴス化」している日本が、いきなり世界一のＩＴ大国を目指し、社会構造を変えてしまおうとしているところにあります。

日本のデジタル環境は、先進国の中では驚くほど遅れていて、もはやガラパゴス化していると言われても反論できない状況にあります。

詳しくは第６章で述べますが、すでにデジタル分野で大きく遅れをとっている日本は、国際競争力が低い国となっていて、下げ止まる気配がありません。

スイスの国際経営開発研究所（ＩＭＤ）が毎年発表している「世界競争力ランキング」の２０２３年版を見ると、なんと日本は64カ国中35位。これは同ランキングが１９８９年に初めて発表されて以来、過去最低の順位です。

ほかの東アジアの国・地域を見ると、台湾が６位、中国が21位、韓国が28位ですから、国際競争力では、中国にも韓国にも、すでに大きく水をあけられてしまっているということです。

■日本の「世界競争力ランキング」の推移

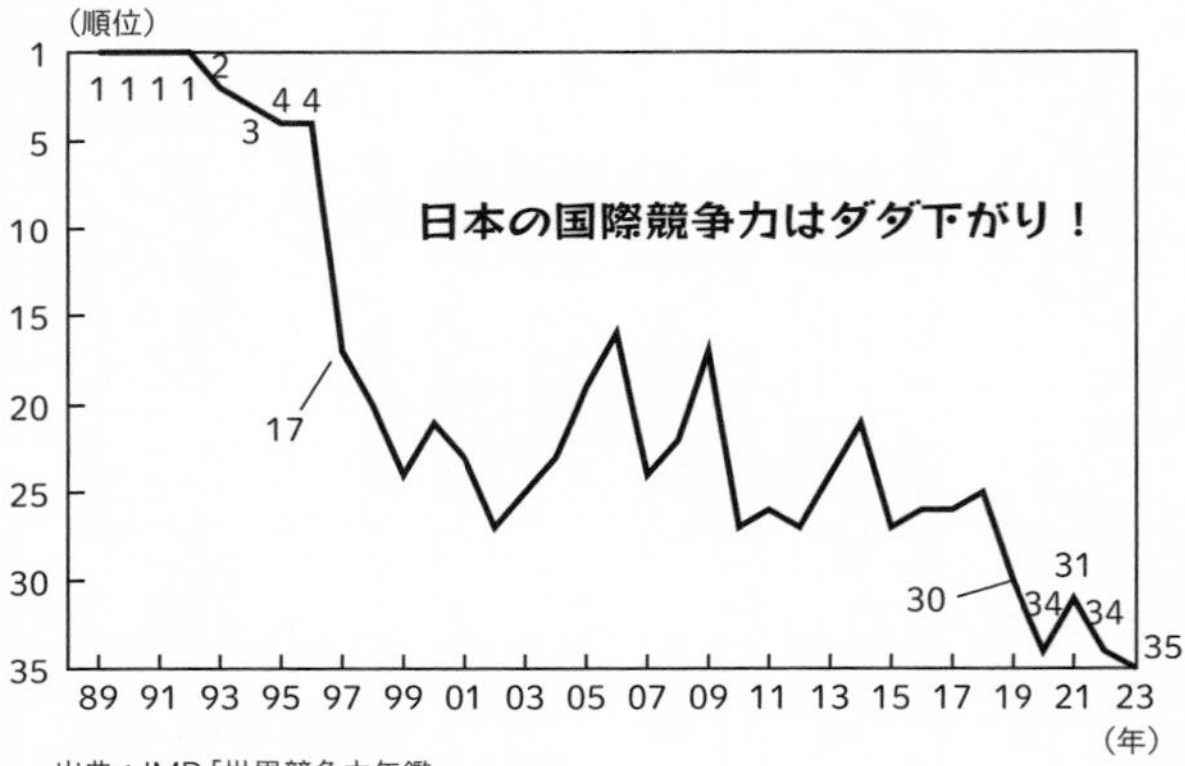

出典：IMD「世界競争力年鑑」

昔から、日本に国際競争力がなかったのならしかたないということになるでしょう。けれど、そうではありません。

「世界競争力ランキング」が初めて公表された1989年には、なんと日本の国際競争力は世界で堂々の1位で、それから4年連続で、ずっと1位をキープし続けたのです。その後も、1996年までは5位以内に入るほどの、国際競争力がある強い国でした。

ところが、1997年に一気に17位まで下げた後、20位台で停滞し続け、

30位まで下がった2019年からは下げ止まる気配が見えなくなっています。

特に「アベノミクス」が始まってからの下がり方が顕著で、これだけを見ると「アベノクス」が失敗だったことがよくわかります。

◆日本を襲う「2025年の壁」

世界的な競争力をどんどん失ってきた日本ですが、もし日本が今のままで何もしなければ、2025年以降は大変なことになると言われています。

企業は人材不足に陥って活力を失い、国は支払う医療・介護の費用が膨大に増えて国力を失い、年間で最大12兆円の経済損失が生まれ、日本は破滅の坂を転げ落ちていくしかないというのが経済産業省の見立てです。

これは、通称「2025年の壁」と呼ばれています。

それを回避するためには、日本も一気呵成《いっきかせい》に「DX」を推進し、韓国や中国などに追いついていかなくてはならないと、政府はあせっています。

こうした中で、日本が凋落《ちょうらく》の底なし沼から這《は》い上がる起死回生の窮余の一策として経済産業省が考えているのが、国を「ＤＸ化」すること。

そのために、「マイナカード」を国民全員に持たせることで個人情報を集めた情報の高速道路をつくり、個人はもちろん民間企業にも使わせて、一気に国をデジタル先進国に押し上げ、「２０２５年問題」を突破しようというのです。

そして、**この「ＤＸ政策」の中心に置かれているのが、「医療ＤＸ」。**保険や医療、介護といった情報やデータを広く集めて、様々なものに使っていこうというものです。

◆「医療ＤＸ」は日本復活の鍵になるのか

今、政府は、国を挙げて「医療ＤＸ」を進めようとしています。

病院や薬局、介護施設や訪問看護ステーションなど、医療の現場をデジタルでつなぎ、「マイナカード」で集めた医療の個人情報とデジタル技術をつないで、医療

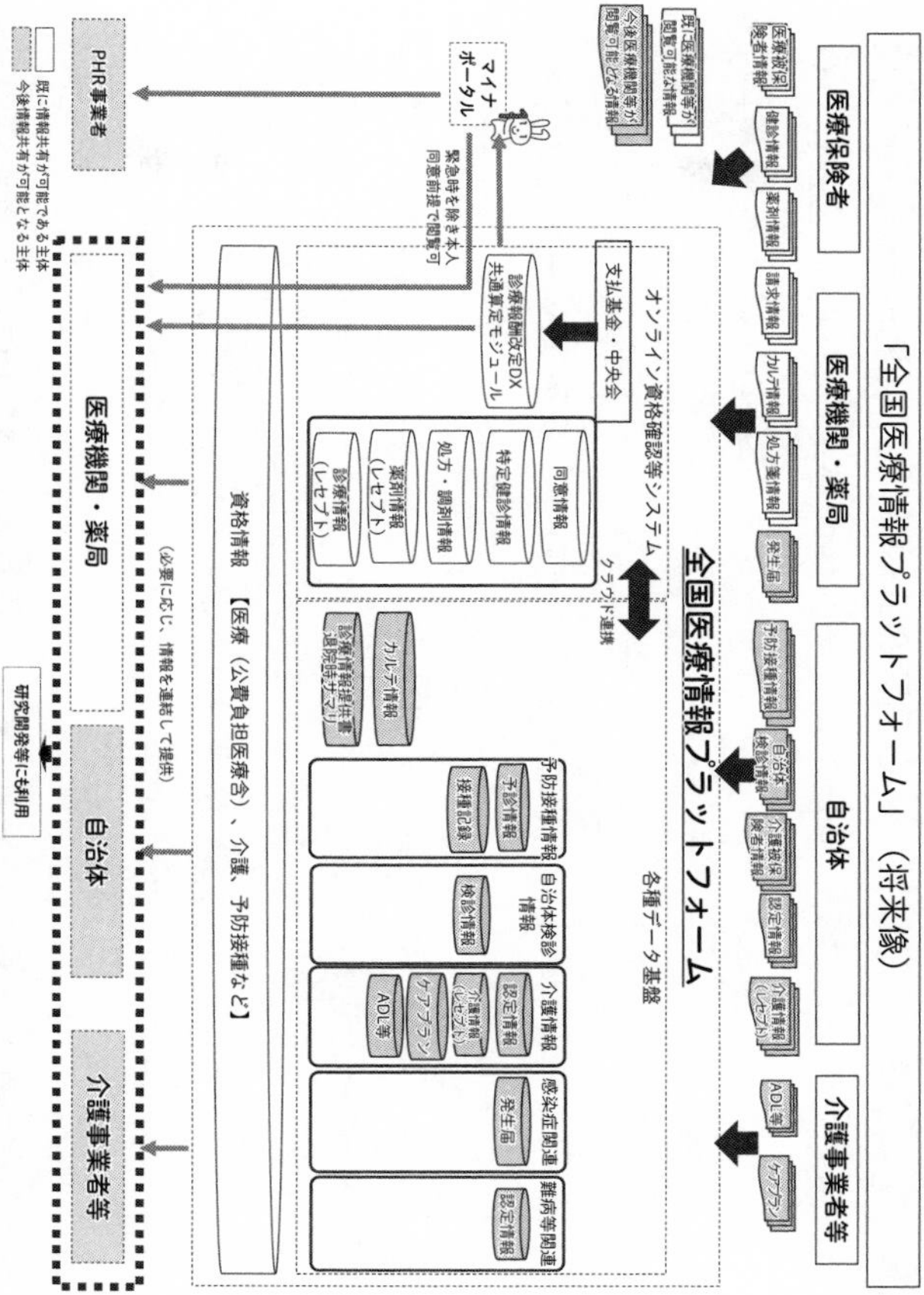

出典：第1回「医療DX令和ビジョン2030」厚生労働省推進チーム（令和4年9月22日）資料1を一部改変

現場の効率化や医療の質の向上に使ったり、国民の健康を促進するなど様々に活用していこうとしています。

政府と医療機関が連携して「マイナカード」を活用することにより、よりよい医療を、安いコストで受けられるようにしようという試みです。

そのために、「マイナポータル」で、様々なところにある情報を結びつけることで、これまでバラバラでわかりにくかった個人の医療情報を、瞬時に引き出せるプラットフォームをつくることを目指しています。

これが、前ページの図のような「全国医療情報プラットフォーム」で、これを使って、「医療ＤＸ」を推進していこうとしています。

◆「医療ＤＸ」の光と闇

こうした図を示されて説明されると、なんだか「医療ＤＸ」は素晴らしいという気がしてきます。実際、経済産業省の計画のように話が進んでいけば、素晴らしい仕組みになるでしょう。

ただ、日本の「医療DX」計画には、「光」と「闇」があります。


まず、「光」の部分から見てみましょう。

自分の病気などのデータが集約されているので、患者も医者にくどくど説明しなくてもどういう状況かはわかるし、どこに行ってもこのデータで適切な診療をしてもらえます。国からの給付金も、スムーズに出ます。民間企業も、患者の個人情報がビッグデータ化されれば、治療薬などの開発がスムーズにいきます。

そうなれば、より健康で長生きできる、楽しい未来が待っています。


次に「闇」の部分ですが、これは一言で言えば、まだみんなが**「医療DX」という個人情報の高速道路に乗れる環境が整っていない**ことです。

たとえて言うなら、政府が「さあ、50メートルプールをつくったので、みんなで泳ぎましょう」と言い、みんなをプールに飛び込ませるのはいいですが、泳ぎ方も教えられずに溺れてしまいそうな人がたくさんいるということ。こうした人たちを放置しながら、どんどん先に進もうとしているのが、現在の日本の「DX」です。

◆政府が宣伝する「医療DX」のメリット

現在は、医療や介護の情報は、各医療機関や自治体、介護事業者などが個別に保管しています。ですから、情報を引き出そうと思ったら手続きが大変です。けれど、この**患者の医療情報がすべて「マイナカード」で集められ、クラウド化されて医者のあいだで共有できれば、その情報でどんな患者が来ても対処できます。**

医療や介護に必要な情報が一元化されていると、自分のところで手に負えない患者をほかの病院に託すときに医師同士でやりとりする「診療情報提供書」の必要がなくなります。また、ネットでウェブ問診やオンライン診療ができると、これまでのような問診票の記入も必要なくなり、患者を通院させる手間も省けるかもしれません。

また、紙のカルテは長期保存するのが大変ですが、電子化してあれば、どんなに昔のデータでも、必要に応じて取り出すことができます。すでに、カルテは電子化して保存してあるという病院もあります。それも単体のサーバーでは災害などですべてのデータが喪失してしまう危険がありますが、クラウドにしまってあれば、その危険性はありません。

◆日本の「医療ＤＸ」のがんは経済産業省

「医療ＤＸ」は、超高齢社会となる日本にとって、明るい「夢」のようなシステムかもしれません。いっぽう、この夢のようなシステムを、現実問題として多くの人が利益を得るようなかたちで稼働させられるかというと、それはまた別の話。

ここまでは、政府が描いている夢のような「ＤＸ」の話を書いてきました。しかしここからは、その夢を打ち砕く、現実的な身も蓋もない話になってしまいそうなので、「そんな話は聞きたくない」という人は、飛ばしてください。

私は、国が考える「医療ＤＸ」は、今のままではうまくいかないと思います。

なぜなら、**医療のデジタル化の環境がまだ整っていないだけでなく、プランを強力に推し進めているのが、医療や介護の現場をよく知っている厚生労働省ではなく、何がなんでも「医療ＤＸ」を進めたいと躍起になっている経済産業省だから**です。

日本の「医療ＤＸ」は、厚生労働省ではなく、経済産業省に引きずられるかたちで進んできました。それは、「健康保険証廃止」を公表したのが、厚生労働大臣ではなく、デジタル大臣の河野太郎氏であることからもわかります。

夢を悪夢に変える「ポンコツDX」

便利に使いこなせば有益な「医療ＤＸ」ですが、まだデジタル環境が整備されていない日本では、これを使いこなせない人が多くいます。

特に、病気で病院に行くのは高齢者が圧倒的に多いですが、高齢者にオンライン診療と言われても、なんのことやらチンプンカンプン。医者の中にも、デジタルに弱い医者はいます。また、デジタルを信用せず、面倒だと思っている人もいます。

確かに、若い人ならデジタルツールも上手に使いこなすかもしれませんが、病院に行く人の多くは、デジタル力の低い高齢者です。

こうした人たちに、デジタルに馴染んで前向きに使ってもらうことは、一朝一夕には難しいでしょう。結果、そうした人たちが置いてけぼりになり、デジタル難民化してしまう可能性があります。

「医療ＤＸ」は、多くの人が利用するので、すべての人に高いセキュリティ意識が要求されますが、「デジタル格差」があるので、それもなかなか難しい。

「医療ＤＸ」の情報は、専門家にクラウドで管理してもらえるので、管理する人は厳しい制約から解放され、クラウドのセキュリティは万全だと言われてきました。ところが、２０２３年6月中頃、中国のハッカー集団が、マイクロソフトがクラウドでファイルを共有している「アウトルック（Outlook）」に不正アクセスした事件が発覚。この中には政府系機関や政府系機関に関連する個人のアカウントも多数含まれていたとのこと。クラウドだから安全ということにはならなそうです。

病院にとっては、新たに対応できる機械を導入するコストやそのランニングコストがかかり、デジタル人材を雇うためのコストも必要になるかもしれません。政府からの補助金もありますが、現実問題としては、それだけでは足りないのです。

◆「保険証」がなくなると、病院が対応する書類は6枚に増える

日本では、厚生労働省の指導のもと、医療関係者が60年かけて、「誰1人として取り残さない医療」を目指して医療制度の改善を重ねてきました。

その成功の果実とも言えるのが、「保険証」です。

自分は忘れていても、すべての人の手に「保険証」が届くようになっています。

さらに、日本の保険の加入者は、職業や年齢、収入などで加入する保険や支払う保険料、負担割合などが違いますが、それも「保険証」1枚で処理できるようになっています。

この「保険証」が1枚なくなるだけで、病院の窓口では、「マイナ保険証」だけでなく、「暗証番号のないマイナ保険証」、マイナ保険証でオンライン資格が確認できなかった場合の「被保険者資格申立書」、マイナ保険証を取得していない人の「資

格確認書」、さらには「資格情報のお知らせ」という、5種類もの新しいカードや書類に対応しなくてはなりません。

しかも、「保険証」が廃止になっても1年間は使われる可能性があるので、この期間は「保険証」にも対応しなくてはならない。1枚の「保険証」をなくしたがために6つのカードや書類に対応すると、作業が膨大になり、病院の対応が、簡素化どころか何倍も大変になります。患者としてもこれだけのものがあると、何をどう病院の窓口に出せばいいのかわからなくなりそうです。

セキュリティの面から言えば、もしかしたら「マイナカード」よりも「保険証」のほうが安全かもしれません。

国は、デジタル化すれば「保険証」での不正使用などが減ると言いますが、厚生労働省によれば、国民健康保険で見ると、2017年から2022年までの5年間で、なりすまし受診や健康保険証券面の偽造などの不正利用が確認されているのは50件。1年に10件という割合です。

国民健康保険の加入者は約２５００万人いますから、その中で不正使用が年間10人なら、これはもう誤差の範囲で、充分に安全と言えるのではないでしょうか。

これに比べると、「マイナ保険証」は、なりすまし、ハッキングなど、これからセキュリティ面の問題が続々と噴き出してきそうです。

◆郵政民営化の二の舞？

今から約20年前、小泉純一郎内閣が郵政民営化をしました。

そのときに、当時幹事長だった武部勤氏の発案で、「民営化後の郵便局がコンビニのように便利になり、地域活性化につながって暗かった村が明るくなり、お年寄りも大喜びした」という「あすなろ村の郵便局」という紙芝居がつくられました。

郵便局を民営化すれば、みんながハッピーになるという夢のある紙芝居でしたが、まさに夢のまま終わり、夢から覚めた後には、「郵政民営化」の悲惨な現実が待ち構えていました。

郵便局がブラック企業化し、ノルマに追いまくられた職員たちが、高齢者などに違法な方法で保険や投資信託を売りまくり、大問題となる「悪夢」のような事件が起きました。

なぜ、こんなことになってしまったかと言えば、２００４年に小泉政権が、アメリカ金融にもうまい汁を吸わせろという米国ブッシュ政権からの要望書（日米規制改革および競争政策イニシアティブに基づく日本国政府への米国政府要望書）により、強引に郵便局を民営化してしまったからです。

けれど、その真相は国民には知らされず、夢のような話ばかりを聞かされました。

もっと時代をさかのぼれば、太平洋戦争でも、政府は「神国日本は絶対に負けない」と言い続け、「五族協和」の「夢」を語り続け、ズブズブな戦争に国民を巻き込んで、敗戦という「悪夢」で終わりました。

政府から出てくる「DX」、特に「医療DX」の話を聞いていると、あの**「夢」が「悪夢」に変わった「郵政民営化」や「太平洋戦争」の二の舞**ではないかと感じるのは、私だけでしょうか。

次章では、政府が目指す「DX」が、本当に国民を幸せにできるのかということを検証してみましょう。

第6章

なぜ日本はデジタル戦争で敗北するのか

スタートは、スウェーデンと同じ２０１７年

「ＤＸ」とは、２００４年頃に、スウェーデンのエリック・ストルターマン教授が提唱した概念で、**「ＩＴの浸透で生活のあらゆる面がよい方向に向いていく」という「社会の変化」**を指します。

スウェーデン政府が、「ＤＸ」を国家成長戦略の要に据え、デジタルで世界のトップを目指したのは、２０１７年。スウェーデンは、それまでに「ＤＸ」に欠かせないインフラ整備が必要ということで、２０２０年までに95％の家庭と企業で１００Ｍｂｐｓ以上という高速のブロードバンド接続を達成しました。２０２５年までに

は、ほぼすべての家庭や職場でブロードバンド接続を達成する見込みです。

実は日本も同じ頃に、「DX」を成長戦略の柱としています。

我が国を「世界で最もイノベーションに適した国」にするために「超スマート社会」をつくるという目標で、2017年6月に、「科学技術イノベーション総合戦略2017」を閣議決定しています。

この同じ時期に「DX」戦略を開始した日本とスウェーデンですが、その5年後を見ると、大きく差が開いています。2022年にスイスの国際経営開発研究所（IMD）が発表した「世界デジタル競争力ランキング」では、スウェーデンが世界第3位なのに対して、日本はなんと29位。韓国が8位、中国が17位でしたから、韓国、中国のはるか後塵《こうじん》を拝してしまっているという状況です。

なぜ、このような大きな差が出てしまったのでしょうか。

◆「デジタル環境」が整っていたスウェーデンと未整備の日本

「DX」を推進して、世界第3位となったスウェーデンと、世界29位まで転落してしまった日本との最も大きな差は、「DX」を導入できる「環境整備」と、「DX」を進めるための「国民の理解」にあったと、私は思います。

まず、「環境整備」について見てみましょう。

スウェーデンは、世界のグローバル化とデジタル社会の到来を1990年代から予期し、そのために政府がパソコン購入に補助金を出し、インターネット接続環境の整備にも投資をしていました。政府は、大学でのインターネットの技術開発に多額のお金を出し、AIやIoT（様々なものがインターネットにつながる仕組み）など通信技術を使った課題解決ができる人材を育てました。

こうしたデジタル人材を20年かけて育て、その間に高齢者にデジタル教育をして、高齢者でもネットが使いこなせる技術と環境をつくることに専念してきました。つまり、「DX」を始めるにあたっての「環境整備」ができていたということです。

いっぽう日本はどうかと言えば、「デジタル立国」だの「世界最先端IT国家創造宣言」だの、「スローガン」だけは華々しいけれど、肝心の中身はスカスカ。

日本財団が2020年に行ったインターネット調査によれば、「デジタル化に必要な知識が身についているか」という問いに、51・2%が、「身についているとは思わない」と答えています。

これはネットで行われた調査なので、当然、ネットを見られる人が対象です。にもかかわらず、**半分以上が「デジタル化に必要な知識が身についていない」**というのですから、ネットを見ない人も含めたら、日本ではどれだけの数の人が「デジタル化に必要な知識が身についていない」ということになるのでしょうか。

◆デジタルの司令塔「デジタル庁」で個人情報漏洩

「国民の理解」については、どうでしょうか。

スウェーデンでは、「DXをやります」と政府が言った時点で、行政にも個人にもデジタルリテラシー（デジタル技術を理解して使いこなす力）が育っていたので、「DX」に抵抗がないどころか、どんどん便利になるという理解で、歓迎されて受け入れるような状況になっていました。

しかも、若いITベンチャー起業家を大量に育成していたので、便利なサービスを次々と「DX」に乗せることができました。その便利さをみんなで享受できたことで、政府が進める「DX」への「理解」だけでなく、「信頼」が加速しました。

いっぽう日本はどうかというと、みずほ情報総研の調査では、アメリカ、ドイツ、中国に比べてデジタルリテラシーが低い人が多いことがわかりました。

この調査では、日本、アメリカ、ドイツ、中国の4カ国を対象に、SNSをどの程度利用できるかというアンケートを実施し、年代別にICTリテラシーを「高」「中」「低」に分類しています（令和2年度ウィズコロナにおけるデジタル活用の実態と利用者意識の変化に関する調査研究）。

特に日本は60歳以上のほぼ半分の49・5％がデジタルに疎い人（リテラシー低）で、

アメリカの20・5%、ドイツの6・5%、中国の2・5%に比べて、圧倒的にデジタルを理解して使いこなす力が弱いという結果になりました。

国への信頼については、デジタル庁が２０２１年にスタートしたものの、日本財団の調査によれば、デジタル庁の創設で日本のデジタル化が進むことについて「期待する」は39・1%。「期待できない」が20・0%、「まだわからない」が40・9%で、約4割の人は国に期待していますが、6割は「期待できない」「まだわからない」と懐疑的。

しかも、２０２１年にスタートしたデジタル庁について、日本経済新聞は「会議が多すぎる。もう出たくない」「同じような書類を何度も作っている」などの不満が爆発し、職員が10人近く一斉に退職したと報じています。

さらに、**デジタル庁は、日本のデジタルの総本山としてスタートしたはずなのに、システムの不具合で「GビズID」利用者の個人情報を漏洩するなどとありえない**

トラブルを何度も起こしていて、そういう意味では国に「信頼」が置けるかと言えば、不安な人のほうが多いのではないでしょうか。

◆「理解」ではなく「ポイント」で釣るという下策

「DX」を成功させるには、まず「国民の理解」と「協力」が必要であり、環境を整えるなどの「計画性」が必要です。

ところが日本では、「DX」を推進するために「国民の理解」を得るどころか、そもそも「DX」がどういうものかを知らしめることさえもしてこなかった。

しかも、「DX」を理解してもらって「マイナカード」を持たせるのではなく、「最高2万円分のマイナポイント」で釣って「DX」を進めるという、国の政策としては下の下の策を取ったことで、カードは持ったけれど使わないという人がますます増えました。

この20年、政府主導で行われたＩＴ政策はことごとく失敗し、何十兆円もの血税をドブに捨ててきましたが、ほとんどの人は、政府が何をやってきたのかさえも知らない。

そんな中で「マイナカード」をつくれと言われ、ポイント付与がされるからつくるという状況ですから、国民の「理解」も「信頼」もあったものではありません。

◆通信で負け、ワクチンさえつくれない国に転落

日本が「ＤＸ」を目指した２０１７年、イギリスの科学ジャーナル紙『ネイチャー』に、２０１２年から２０１６年の間に、日本人の論文が８・３％も減っているという記事が出ました。その背景には、２００４年に小泉純一郎内閣が行った、国立大学の法人化がありました。

国立大学法人化の目的は、大学の国に対する依存率を下げて教育に出す金を削り、独立採算を余儀なくさせることでした。結果、多額の研究開発費が削られました。

当時、小泉・竹中路線が推し進める「競争原理」を大学にも押しつけたのです。

そうなると、当然ですが儲《もう》からない基礎研究などは見る影もないほど研究費を削られ、若い優秀な研究者は、どんどん海外に移っていきました。科学だけでなく様々な分野で、日本の開発能力は落ち、他国の後塵を拝す国になってしまいました。

それがはっきり出たのが、コロナ禍で誰もが認めた「ワクチン敗戦」。**それまで日本はワクチン先進国だと思われてきたのですが、実は研究分野で欧米などに大きく遅れをとっていました。** 国立研究開発法人などがワクチンの開発を進めていたのですが、感染症対策の予算は徐々にカットされ、ついに2018年には計画自体が凍結されていたからです。

デジタル分野でも同じことが起きていました。

派手な目標は立てるのですが、スウェーデンのように地道に国民をデジタルに馴染ませ、若いデジタル人材を育成するのに金を出すということをせず、最先端の技術にばかり目を向けてきたことで、しっかりしたデジタルの土台ができないまま。

これでは、世界に太刀打ちできるはずがありません。

◆「ニーズ」のないトップダウンの「なんちゃってDX」

岸田首相は、「令和版デジタル行政改革」を掲げ、国が強いリーダーシップを発揮して、世界に負けない「DX」を実現すると言っています。

政府は、こういう掛け声だけは、いつも大きい。

ただ、残念ながら、私は、これも失敗に終わるのではないかと危惧しています。

なぜ、そう思うかと言えば、日本のデジタル政策が失敗し続けてきたのは、この20年間、デジタル政策の中心にいるべき利用者の顔が見えなかったからです。

簡単に言えば、その政策をすることでどれだけ利用者が便利になり、生活が向上し、幸せになるのかということに、政府の目が向けられてこなかった。

今までパソコンも触ったことがない高齢者の「保険証」をいきなり取り上げ、「マイナ保険証」を使えというのは、まさにその「利用者」の顔を見ていないことの象

徴的な例でしょう。それが、どれだけ違和感のある大変なことなのかということにさえ考えが及ばない人たちが、多くの人のニーズを反映したデジタル政策など、行えるはずがありません。

なぜ、「保険証」を廃止するのかと言えば、目的は患者の利便性よりも「マイナカード」の普及のためです。そのため、175ページでも書いたように病院の窓口は、「保険証」なら1枚で対応できるのに、6種類ものカードや証明書に対応しなくてはならなくなり、便利になるどころか事務処理事案が増えて複雑に、不便になる。

こんな、誰の「ニーズ」にも沿わないことをやって、成功するはずがありません。そういう意味では、日本の「DX」は、「なんちゃってDX」と言うほかはありません。

実は、この20年間の日本のデジタル政策は、こんなことの連続でした。そこでちょっと、トップダウンで行われた、利用者のニーズに沿わずに失敗に終わった政策の数々を振り返ってみましょう。

◆岸田首相の「デジタル敗戦」発言に見る、日本の20年間

2023年8月、岸田首相は記者会見で、「デジタル敗戦を2度と繰り返してはならない」と言いました。岸田首相の言う「デジタル敗戦」とは、日本が過去20年間にやってきたIT戦略の失敗を指します。

2000年、病に倒れた小渕恵三首相に代わって森喜朗氏が総理大臣に就任、所信表明演説で、「IT革命を起爆剤とした経済発展を目指す」と宣言しました。情報通信技術戦略本部が設置され、IT基本法「高度情報通信ネットワーク社会形成基本法」を制定。

2001年には、IT国家戦略の「e－Japan戦略」が公表され、ここで「5年以内に世界最先端のIT国家となる」とぶち上げました。

■デジタル政策の歩み（自民党）

・2001年　自民党デジタル社会推進本部「e-Japan重点計画特命委員会」設置
・2010年　新ICT戦略
・2011年　絆バージョン ～復興、そして成長へ
・2012年　政権復帰
・2013年　ICTで日本を取り戻す
・2014年　2020年世界最先端国家の具体像
・2015年　IoT・マイナンバー時代のIT国家像とパブリックセーフティ
・2016年　最新テクノロジーの社会実装による世界最先端IT国家像
・2017年　データ立国による知識社会への革新
・2018年　2030年の近未来政府
・2019年　インクルーシブなデジタル社会
・2020年　コロナ時代のデジタル田園都市国家構想
・2021年　日本の現場力をデジタルで底上げ
・2022年　デジタルによる新しい資本主義への挑戦

出典：自民党政務調査会デジタル社会推進本部「デジタル・ニッポン2022 ～デジタルによる新しい資本主義への挑戦～」

ただ、残念ながら、森首相はITのことはまったくわからず、官僚に渡された「IT」について書かれた紙を見て、「イットって、なんだ」と質問したと言われています。

ここが、岸田首相が言う日本の「デジタル敗戦」のスタートでした。

◆ブロードバンド環境のない中で、税金使ってネット万博！

「イット」発言で有名な森内閣のもと、2000年12月から翌年12月までの1年間、ネット上でインターネット博覧会「インパク」が開催されました。政府主導で行われた大々的なネットイベントで、開会式は、沖縄から20世紀最後の日没を放映し、兵庫ではカウントダウン花火大会を開くというはしゃぎかたで、北海道の納沙布《のさっぷ》岬、富士山、京都、沖縄など全国7カ所をつないで翌日の日の出の中継をしました。しかも開催中は、著名タレントを多数起用。テレビCMなども流し、なんと110億円という巨額な予算がつぎ込まれましたが、ほとんど見に来る人もなく、アンケートでは8割が「失敗」と回答しました。

すでにサイトも削除され、このイベント自体がなかったことになっています。

失敗の原因はお粗末なもので、総務省が「ブロードバンド元年」と銘打って膨大な量の情報を流したのですが、そもそも自宅のパソコンから大容量通信のブロードバンド回線でアクセスできる人が1割もおらず、大金をかけてネット上につくったパビリオンにたどり着ける人がほとんどいなかったのです。

◆「アベノミクス」のIT戦略、失敗の理由

2012年、第2次安倍内閣が発足。翌2013年に「世界最先端IT国家創造宣言」を閣議決定し、5年で世界最高水準のIT利活用社会の実現とその成果を国際展開すると豪語しました。

これは、いわゆるアベノミクスの「3本の矢」の3本目で、安倍首相は「ITは成長戦略のコアであり、世界の後塵を拝してはならない」と意気込んでいました。

そこで打ち出されたのが、「ICTで日本を取り戻す」という政策。ICTとは、

「Information and Communication Technology（情報と通信技術）」の略で、**パソコンだけでなくスマートフォンやスマートスピーカーなど、様々なものを使った情報処理や通信技術を進めていく**というもの。

ただ、大風呂敷は広げたものの、技術を使う人のニーズを充分把握せず、組織を超えた業務改革を行わなかったため、ＩＴの利便性や効率性が発揮できずじまい。

しかも、政府がＩＴを重点政策としたため、「ＩＴ」と言えばなんでも予算がつくといった状況になり、各省がバラバラにＩＴ投資、独自の施策を打ち出しました。結果、全体的に大きな効果を上げるということにならず、しかも通信料金を下げるなどの根本的な規制改革で遅れをとってしまいました。

当時、政府は、世界銀行が公表していた「ビジネス環境ランキング」で、ＯＥＣＤ（経済協力開発機構）加盟35カ国中で３位以内に入ることを成長戦略の目標に据えていました。

ところが実際には3位どころか、2013年の15位から、2017年は26位へと順位を下げ、アベノミクスでの「デジタル敗戦」を決定的にしてしまいました。

◆世界での競争力もずるずる下がって過去最低の35位

こうした状況を巻き返すために、2017年には、「世界最先端IT国家創造宣言」がバージョンアップした「世界最先端IT国家創造宣言・官民データ活用推進基本計画」、翌2018年には、さらにバージョンアップされた「世界最先端デジタル国家創造宣言・官民データ活用推進基本計画」が出されています。

確かに、掲げる政策や計画につけられる文句は、どんどん大げさになり、それだけ見ると勇ましく思えますが、**「世界最先端デジタル国家創造宣言」などというのは、「ビジネス環境ランキング」が世界31位で、「世界競争力ランキング」が35位の国が掲げる目標としては、あまりに現実味がなさすぎる**でしょう。

日本の「DX」を見ると、スウェーデンのように、20年かけて国を挙げてデジタル環境を整え、デジタルリテラシーを育ててきた上に政策を開花させるという地道な積み重ねがなく、ただ、「海外でやって成功しているようだから」といきなり飛びついている観があります。

そんな状況での「なんちゃってDX」には、正直、不安ばかりです。

◆日本人は政府に騙され、ひどい目にあってきた

日本人は従順なので、国の言うことには従う面があり、今までずいぶんと政府の話に騙されてきました。近現代で最も手ひどく騙《だま》されたのは「太平洋戦争」です。

この戦争で、日本は自分たちの意向に従う傀儡《かいらい》国家をつくり、満州での利権を独占しようとしました。

傀儡とは、操り人形のようにすべて言うことを聞かせるということですから、海外からは非難され、日本は国際連盟を脱退して太平洋戦争に突入していきます。

そのときに、満州国建国を正当化するために掲げられたのが「五族協和」。満州に、

「和（日本人）・韓（韓国人）・満（満州人）・蒙（内蒙古人）・漢（中国人）」の5つの民族が協力して平和に暮らせる理想の国をつくるというものです。そして、この国は西洋のような武力で抑える国ではなく、日本人の徳によって治められる「王道楽土」という理想の国になるのだと、国民に説明しました。

その言葉に乗せられて、多くの日本人が満州を開拓するために大陸に渡りましたが、結局は国に見捨てられ、多くの命を失いました。

太平洋戦争ほど「ひどい嘘」ではないかもしれませんが、直近で言えば「郵政民営化」や「アベノミクス」なども、多くの人が騙された政府の「嘘」です。

◆「アベノミクス」という幻想

多くの人を騙したという意味では、故安倍晋三首相が推進した「アベノミクス」は、後世に大きな禍根を残しました。

「アベノミクス」のIT戦略については196ページで詳しく書いていますが、もっと大きな「アベノミクス」の戦略そのものについて見ると、安倍首相は、それまで民主党が3年間進めてきた「分配」の政策は誤りで、大切なのは「成長」だと強調しました。「成長」すれば、その果実は自然にみんなに滴り落ちるので、みんな生活が豊かになる（トリクルダウン）と説明しました。

そのために打ち出したのが「アベノミクスの3本の矢」と呼ばれる経済政策。1本目は、「大胆な金融政策」でデフレを脱却。2本目は、「機動的な財政出動」により、復興や地域活性化、再生医療の実用化支援などで経済的な地盤をつくり、3本目は、「成長戦略」で民間投資を喚起して経済を上昇基調に乗せるというものでした。

◆「アベノミクス」が、家計を疲弊させた

この3本の矢のうち、1本目の「大胆な金融緩和」は、黒田東彦《はるひこ》・日銀前総裁の「異次元の金融緩和」で推し進められましたが、2本目の「機動的な財政出動」と3本目の「成長戦略」はないまま「大胆な金融緩和」の一本足打法に終わりました。

しかも、最初はみんな気がつかなかったのですが、「アベノミクス」というのは、実は貧しい人から豊かな人へと富を吸い上げる大きなマシン。

結果、「トリクルダウン」どころか富の吸い上げで、**貧しい人はより貧しく、豊かな人はより豊かになりました。日本は、いまだかつてないほど貧富の差が大きい国になりました。**

金融政策については、本来は2年で終わるはずの世界でも類を見ない「異次元の金融緩和」をずるずると10年以上続けていたことで、海外との金利差が開き、円安になりました。そのため、2022年度は貿易赤字が過去最大になりました。日本は安く売られる国になって、輸入品の価格が上がり、庶民は物価高に悩まされることになりました。

◆「アベノミクス」で、日本の国際競争力はガタ落ちに

「アベノミクス」に多くの人が期待したのは、「トリクルダウン」でした。経済が

上向き、企業が儲かれば、それがみんなの給料となって落ちてきて、国民の生活が豊かになるという言葉を信じた人は多かったのではなかったでしょうか。

確かに企業は潤いました。ただ、その「成長の果実」は、国民の家計には滴り落ちてきませんでした。安倍首相自身も、政権の終わり頃には政権の公約とも言える「トリクルダウン」という言葉を口にしなくなりました。それを盛んに吹聴《ふいちょう》しまくっていた竹中平蔵氏は、『朝まで生テレビ』で、「トリクルダウンなんて起きるはずない」と発言し、みんなを驚愕させました。

「アベノミクス」は、結局は家計から企業へと富を吸い上げただけでした。企業の貯金に当たる内部留保は500兆円を超えましたが、家計の収入は上がらずじまい。それだけでなく、給料も上がらない中で、「アベノミクス」の金融政策の失敗とも言える「円安」による物価高に襲われて、ますます疲弊してしまいました。

「アベノミクス」は2012年に始まりましたが、その後の10年間を見ると、日本は経済的にどんどん貧しい国に転落し続けたと言っても過言ではありません。

「アベノミクス」がスタートした当時の日本は、「世界競争力ランキング」で10位という、そこそこの国でした。ところが、現在は35位。つまり、「アベノミクス」の10年で、急激に競争力のない国になったということです。

しかも、**国民1人あたりの平均的な豊かさを示す「1人あたりGDP」は、2012年が14位だったのに、2022年は30位へと下落**しています。

◆「新しい資本主義」は、あてのない「ギャンブル資本主義」

「アベノミクス」の失敗の後に出てきたのが、岸田政権の「新しい資本主義」。その目玉が「DX」です。しかし、今まで書いてきたように、急ごしらえの「なんちゃってDX」ですから、これも、失敗する確率は高いと思います。

なぜなら、「DX」の土台である「環境整備」や国民の「デジタルリテラシー」が脆弱《ぜいじゃく》な中では、どんな立派な城を築いても、「砂上の楼閣」となりかねないからです。

岸田政権は、「新しい資本主義」や「新時代リアリズム外交」、「スタートアップ創出元年」、「異次元の少子化対策」、「デジタル田園都市国家構想」など、やたら壮大で意味がわからない政策を次々と打ち出しますが、すべて地に足がついていない。そういう意味では「なんちゃってＤＸ」だけでなく、ほかの分野についても、多くの国民の「信頼」を得るのは難しいのではないでしょうか。

「ＤＸ」そのものを批判するつもりは毛頭ありませんが、土台のないところに妄想で役に立たない城ばかり建てようとする今の政府のやりかたは、まるで「いつかは勝てる」となけなしの金を投資して負け続けているギャンブラーのようです。

◆政府の「青い鳥症候群」に振り回される国民

今まで、日本政府は、幾度となくＩＴ戦略で失敗し、それでもさらに新しいＩＴ

戦略に飛びついては失敗するという繰り返しでした。こうして失敗を繰り返すうちに、IT分野で世界からどんどん遅れて、ガラパゴス状態になりました。

フランスの童話作家、モーリス・メーテルリンクの有名な作品『青い鳥』をご存知でしょうか。幸せの「青い鳥」を探してチルチルとミチルという2人の子供が旅をするという物語です。けれど、どんなに探し回っても「青い鳥」はどこにもおらず、夢から覚めて気がついたら自分の家にいたという結末。

このお話から、自分を取り巻く環境や待遇などを受け入れられず、自分にはもっと力があり、もっと能力を発揮できるという考えを捨てられず、反省もせずに高望みばかりしながら足元を見ず、また新しい青い鳥を求めていく。そうした人たちを、「青い鳥症候群」と呼んでいます。

私は、今の日本政府が、この「青い鳥症候群」に陥っているのではないかと思います。「アベノミクス」も訳がわかりませんでしたが「新しい資本主義」はもっと訳がわからない。そんな中でも、さんざんＩＴで失敗しているのに、またまた地に足のつかない「なんちゃってＤＸ」に飛びつくというのが理解できません。

すでにツイッターも、「青い鳥」は黒い「Ｘ」になっています。

日本政府も、そろそろ「青い鳥」を追うのではなく、本当に「ＤＸ」をやりたいなら、「保険証」廃止などという無謀なことはやめて、地に足をつけて人々の理解を深めることに注力すべきでしょう。

最終章
このままでは日本の医療が崩壊する

政府主導の「医療崩壊」という大惨事

政府は、今まで「マイナカード」の普及のために、約3兆円の税金を使ってきました。残念なのは、もしこの3兆円を、国民をポイントで釣ってカードをつくらせるという税金のばら撒《ま》きではなく、カードを安全に便利に使える環境づくりに使っていたら、「マイナカード」への信頼が地に落ちることはなかったということ。

もしかしたら、スウェーデンやデンマークのように、「便利なカードがあってよかった」とみんなが喜んだかもしれません。

けれど、政府はカードが便利に使えることよりも、「マイナ保険証」を義務化して「保険証」を廃止することで、無理矢理みんなに「マイナカード」を持たせ、政府主導の「DX」を進めるという愚策を強硬に推し進めました。

結果、大混乱が起きただけでなく、今まで60年かけてみんなでつくりあげてきた「誰ひとり取り残さない世界に誇れる医療制度」そのものが崩壊の危機を迎えそうです。そうなれば、これはもう政府主導で引き起こされた大惨事と言っても過言ではないでしょう。

なぜ、「保険証」が廃止されると、日本の医療制度が崩壊に向かうのか。その大きな原因としては、次の3つが挙げられます。

●若者が、国民皆保険から抜け落ちる
●病院閉鎖のきっかけになる
●高齢者が医療・介護難民になる

1つずつ、見ていきましょう。

◆若者が、国民皆保険から抜け落ちる

今、「マイナカード」及び「マイナ保険証」を持っている人の中には、政府がばら撒いた「マイナポイント」欲しさにカードを申請した人が多くいます。「マイナポイント」第1弾と第2弾合わせておよそ7556万人がカードを申請しました。

こうした人の中には、**5年ごとに役所に行ってカードを更新しないと、「マイナ保険証」が使えなくなる**ことを知らずにカードをつくった人も多くいます。

役所の窓口は、月~金曜日の日中でないと手続きできないので、わざわざ仕事を休んで手続きに行かなくてはならないという人も多い。そうなると、ポイント欲しさにカードをつくった人が、5年後に、更新のために役所の窓口までわざわざ出かけて行くでしょうか。

◆無保険なのに、年間30万円払いますか？

ポイント付与期間に「マイナ保険証」をつくった人は約5000万人いますが、かなりの人が、混み合う役所の窓口で待たされています。しかも、家に届いた「有効期限通知」をなくしたり、暗証番号を忘れていたりすると、わざわざ行く気も失せる。

けれど、そのままにしておくと、「マイナ保険証」は使えず、無保険者となる可能性があります。そうなったときに、病気もせずに「マイナ保険証」を使うこともない若い人が、保険料をしっかりと納めるでしょうか。

国民健康保険の保険料は、単身者で年収200万円なら年間約17万円、年収300万円なら約25万円、年収400万円なら約34万円を支払わなくてはなりません。無保険になっても、この金額をわざわざ納めに行くでしょうか。しかも、5年後には、保険料がもっと上がっている可能性があります。

そうなると、保険を使わないのに高い保険料を払うのは嫌だという人も出てくるかもしれません。**更新の5年後を境に、若者を中心に急速に「公的保険離れ」が進**

むことになるでしょう。

「公的保険」は、働く世代が支えていますから、この制度から多くの若者が抜け落ちると、制度自体が危機的な状況に直面する可能性があります。

◆病院閉鎖のきっかけになる

病院は、公共性の高い事業なので、倒産などしないと言われていました。けれど、ここにきて破綻する病院が増えています。

２０２２年10月には、大分県で介護施設など9施設を抱えた総合病院が、負債額15億円で倒産。２０２３年４月には、千葉県で病床数４２２床の大型病院が、負債総額１３２億円で倒産。同年10月には北海道で外科や整形外科など7科の診療科目がある地元で50年以上の歴史がある病院が倒産しました。

この流れは、２０２４年にも加速しそうで、大阪府でも長年にわたり地域医療の中核を担ってきた病院（98床）が経営不振で閉院を決めていて、神奈川県でも急性期病院として地域医療を担ってきた病床数９５５床の大病院が、経営悪化で破綻の危機に瀕しています。

コロナ禍の中で、コロナ患者を受け入れなかったために収益が減った病院はもちろんのこと、逆に、積極的に受け入れたがゆえに人手不足に陥り、救急医療や手術などを延期、外来患者を規制したために、コロナが一段落して国の補助金も減る中で財政逼迫《ひっぱく》している病院も数多くあります。

実は、大病院よりも深刻なのが、ベッド数20床以下の身近な診療所の倒産です。東京商工リサーチによれば２０２２年度の診療所の倒産は、過去20年で最多の22件となりました。

しかも、**破綻に至らなくても、廃業するというところは多く、帝国データバンクによれば2021年は567件、2022年は530件ですが、今後は、医師の高齢化と後継者不足、人手不足という問題もあり、この数は加速度的に増えていくことが予想されています。**

◆「マイナ保険証」が、廃業の背中を押す

経営悪化で逼迫する病院経営を、さらに鞭打つことになりそうなのが「マイナ保険証」の義務化と「保険証」の廃止です。

本書では再三書いてきましたが、「保険証」が廃止になると、今まで1枚の「保険証」で対応できた窓口業務が、「マイナ保険証」「暗証番号のないマイナ保険証」「被保険者資格申立書」「資格確認書」「資格情報のお知らせ」「現行の保険証（1年間）」という6種類のカードや書類に対応しなくてはならず、2026年からは「新マイナカード」にも対応しなくてはならなくなります。

さらに、現在あるカードリーダーに加えて、「新マイナカード」読み取り用のカードリーダーも同時に窓口に設置しなくてはならないことが予想され、**「マイナカード」が「新マイナカード」に完全に切り替わるまでの10年間は、2つのカードリーダーを窓口に置き、ランニングコストも今の倍かかる**ことになります。

こうした中で、廃業を決めた病院も多く、全国保険医団体連合会の調べでは、マイナ保険証の導入をきっかけに廃業を決めた医療機関は、すでに1000件以上にのぼっているとのこと。「保険証」が廃止されたら、トラブルの多い「マイナ保険証」に対応する気力がなく、さらに「新マイナカード」にまで対応しなくてはならないなら、いっそ廃業しようということ。

地域を支える診療所の廃業は、医療崩壊の第一歩となりそうです。

◆高齢者が医療・介護難民になる

病院が減ると、地方では医療難民が増えます。

今、過疎地と呼ばれている地域に住む人は、1000万人以上います。その多くは高齢者で、1日2本のバスだけが頼りという生活をしている人も少なくない。

こうした人たちの命綱は地域にある診療所ですが、医師と看護師である妻の2人で地域医療を支えているというケースは珍しくなく、患者も高齢なら医師も高齢の「老々医療」が進行中です。厚生労働省の調査（2020年）では、診療所の医師の10人に1人は75歳以上。和歌山県や京都府では、7人に1人が75歳以上でした。

高齢化した医師の中には、ITを使いこなせない人も多く、こうした人たちが、「マイナ保険証」の義務化と「保険証」の廃止を機に、後継者もいないので診療所を畳むということになると、残された患者たちは、病気になったら山を越えて隣村の診療所に行かなくてはならないということになります。

◆介護施設の94%は、「マイナ保険証」の管理ができない

実は、高齢者の医療難民が問題となるのは、過疎地だけではありません。日本の高度経済成長期に田舎から都心に移り住んだ団塊の世代が、2025年には75歳以上の高齢者になり、その数は東京や大阪等の大都市ではそれぞれ150万人以上になると言われています。

こうした人たちすべてを医療・介護の両面でしっかりケアできるかといえば、病院不足に加えて、さらに施設不足、介護人材不足があって難しい。

■2025年の都道府県別高齢者（75歳以上）人口

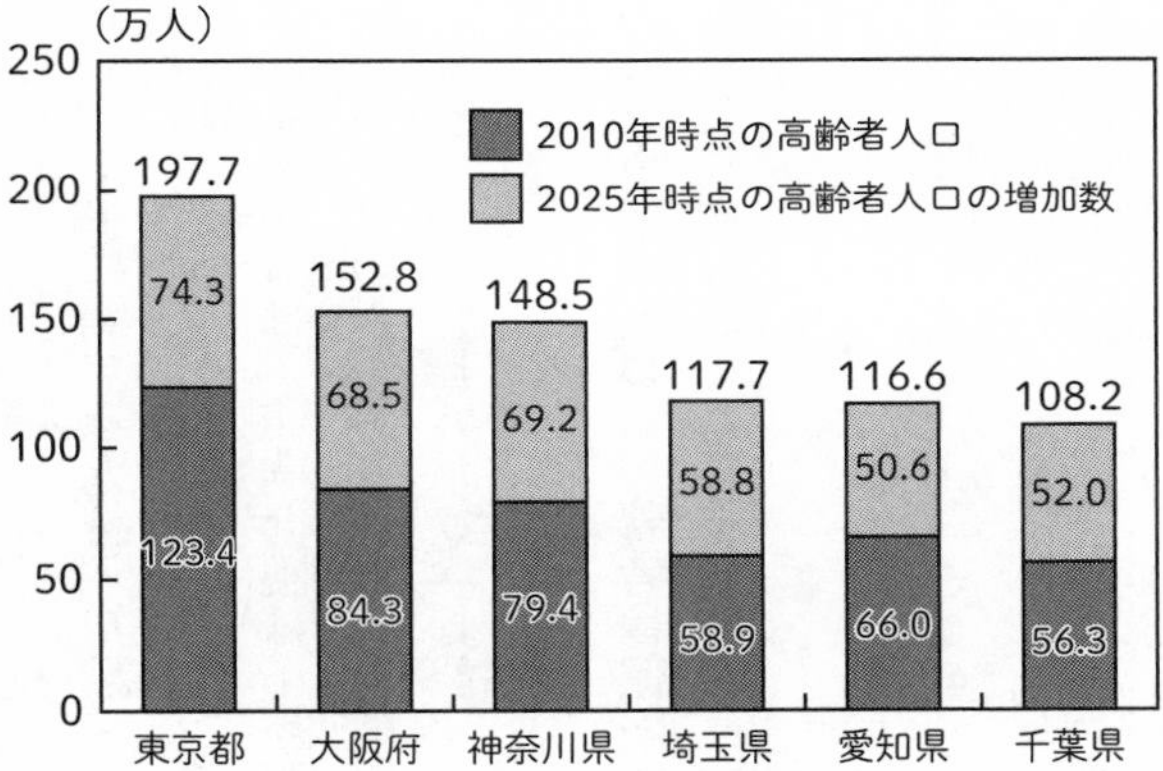

出典：総務省統計局「平成22年国勢調査」（2010年高齢者人口）、国立社会保障・人口問題研究所「日本の地域別将来推計人口（平成25年3月推計）」（2025年高齢者人口）

全国保険医団体連合会のアンケートでは、現在約84％の施設が入居者の「保険証」をあずかって病気や薬の購入などで使っていますが、これが「マイナ保険証」になると、カードと暗証番号の両方が必要になるために、**94％の施設が、カードを管理できない**と答えています。

また、寝たきりの高齢者は役所の窓口に行けないので、カードを施設に代行申請してもらわなくてはなりませんが、93％が「できない」と答えています。

しかも、ＩＴに関する人材・知識・財源が不足していると言われる訪問介護にも「マイナ保険証」を義務づけるといいます。本当に対応していけるのでしょうか。日本医師会からは「訪問介護は小規模な事業者が多く、コスト捻出やスタッフ確保が難しい」との声があり、日本看護協会からは「非常に短い期間で準備するのは難しい」という声が上がっています。

このまま事態が進めば、若者は保険離れを起こし、高齢者は医療難民として取り残されます。そうなれば「国民皆保険」は、崩壊の道をまっしぐらに進むことになります。

「保険証」を廃止しないだけで状況は改善されるはず

若者の「国民皆保険離れ」を引き起こし、病院や診療所の閉鎖を早め、高齢者が医療・介護難民になって戸惑うことで、医療崩壊が引き起こされる危険性が危惧される「マイナ保険証」。

では、いったいどうすればこうした危機を回避できるのでしょうか。

答えは簡単です。法改正し、2024年秋の「保険証廃止」をやめればいい。

政府は、紙の「保険証」は不正利用が多いと宣伝してきました。

ところが、実際には、国民健康保険の加入者約2500万人に対して、不正利用した人は年間たったの10人程度。暗証番号さえ手に入れれば、簡単に不正な「なりすまし」ができてしまう「マイナ保険証」のほうが、よほど危険だということは、ひた隠しにしてきました。

こうした「マイナ保険証」への不信感が重なり、「マイナカード」までもが、トラブルが多く信頼できない最悪なカードということになってしまっています。

「マイナ保険証」の利用率は、2023年4月の6・3%から4カ月連続で下がり続け、8月には4・7%まで落ちています。これは、便利な「保険証」を廃止し、無理に「マイナ保険証」を使わせようとしている政府に対して、国民が突きつけたNOでもあります。

だとしたら、今からでも遅くない。「マイナ保険証」が医療崩壊の引き金にならないうちに、せめて「保険証」の廃止だけは撤回すべきでしょう。

荻原博子（おぎわら・ひろこ）
1954年、長野県生まれ。経済ジャーナリスト。大学卒業後、経済事務所勤務を経てフリーの経済ジャーナリストとして独立。家計経済のパイオニアにして第一人者。テレビ、新聞、雑誌でレギュラーや連載を多数持ち、生活者の視点から、難しい経済と複雑なお金の仕組みをわかりやすく解説。『投資なんか、おやめなさい』（新潮新書）、『マイナ保険証の罠』（文春新書）など著書多数。

DTP、図版制作／G-clef

宝島社新書

知らないと一生バカを見る
マイナカードの大問題
（しらないといっしょうばかをみるまいなかーどのだいもんだい）

2023年12月6日　第1刷発行

著　者　荻原博子
発行人　蓮見清一
発行所　株式会社　宝島社
〒102-8388 東京都千代田区一番町25番地
電話：営業　03(3234)4621
　　　編集　03(3239)0646
https://tkj.jp
印刷・製本　中央精版印刷株式会社

Printed in Japan
ISBN 978-4-299-04935-3